OHSAMA BUNKO

# 本当は怖い江戸徳川史

堀江宏樹

JN108885

三笠書房

## はじめに——「都合が悪いこと」は常に隠される

かつて谷崎潤一郎《たにざきじゅんいちろう》は『刺青《しせい》』の冒頭で、江戸の世を**「まだ人々が『愚《おろか》』と云《い》う貴《とうと》い徳を持って居《い》て、世の中が今のように激しく軋《きし》み合わない時分」**と愛惜《あいせき》しました。

17世紀初頭、徳川家康が「江戸幕府」を開いてから260年あまりの間、日本史上、極めて珍しい長期間の平和が保たれました。それこそが「泰平《たいへい》の世」と謳《うた》われる「江戸時代」である——そういう認識を私たちは歴史の授業や、さまざまな創作物を通じて植え付けられています。

たしかに幕府の成立で、何百年も続いた血なまぐさい戦乱の世は終わりましたが、その後の260年間が本当に平和な時代であったと言い切ることはできません。

「泰平の世」のイメージは、江戸の権力者たちが都合の悪いことを隠しおおせた結果にすぎず、想像もできない怖い真実が、「美しい江戸」、「楽しい江戸」の陰に潜《ひそ》んでいることは知られていないからです。

近くて遠い時代「江戸」について、今日の私たちが本当に知っていることは、あまり多くはありません。江戸の人々は江戸幕府を**「御公儀《ごこうぎ》」**と言いましたし、将軍は**「公方様《くぼう》」**などと呼ばれていました。そして、その居城である江戸城も**「江城《こうじょう》」**、**「千代田城《ちよだじょう》」**とされるほうが圧倒的に多かったのです。

多くの秘密が隠されている江戸の世。懐《なつ》かしみ、美化しているだけでは多くの真実を見落としてしまう恐れがあります。

「江戸時代に戦《いくさ》はなかった」とされてはいますが、3代将軍・家光《いえみつ》の治世には「島原の乱」という大内乱が発生し、文化《ぶんか》年間(19世紀初頭)にはロシア帝国との間に小規模にせよ戦争が蝦夷地《えぞち》(現在の北海道)で起きています。

有名事件にも裏があります。幕末の「黒船来航」も、巨大な黒船や、ペリーの脅《おど》しより本当に恐ろしかったのは、船員が感染していたことで日本に持ち込まれた「死病」コレラの大流行で、多くの人命が奪われています。

また、もう少しアンダーグラウンドまで調査すれば、「平和」な江戸時代、刀剣は武器というより、武士の魂を宿す品として珍重《ちんちょう》されましたが、その切れ味を証明するため使われたのは生身の人間でした。

この「御様《おためし》」と呼ばれた試し斬りは、上流武士の間では「おめでたいもの」という扱いで、家康の息子たちの間には、それを趣味とした者さえおり、彼らの気まぐれ次第で、生きたまま斬られた人間の記録も残っているのです。

当時、人間の遺体は遊女稼業に欠かせない贈答品にもなれば、高級薬の材料でさえありました。**「『愚』と云う貴い徳」として語るにはあまりに残酷な慣習の数々……それこそが江戸という時代のリアル**なのです。

現代と江戸時代はしばしば比較されますが、本当に似ているところはあるのでしょうか。類似といえば、美しく飾った表面に隠された謀略、陰謀、暴力……数々の人間の裏面が際立つところかもしれません。

現在から数えてわずか１５０年ほど以前の世界にすぎない江戸の世。それは「ユートピア」でもなんでもなく、その恐ろしい素顔を隠蔽《いんぺい》し、平和の仮面をかぶっているだけの世界でした。本書ではみなさまを、江戸の世という極彩色の「ディストピア」にご案内いたしましょう。

堀江　宏樹

もくじ

## 2章　いつの時代も「恐怖」が世の中を動かす
### ──天災と、疫病と、怨霊と……

# 3章 欲望がうずまく「歴史の深い闇」

## ――史実には「きれいごと」ばかりが残される

# 4章 今なお、心をザワつかせる「江戸の謎」
## ——あの人物は消されたのか？　それとも……

# 5章 絶対に触れてはいけない「江戸のタブー」

## ——男と女がいる限り続く〝愛憎劇〟

## 6章 幕末乱世に「翻弄された人々」
### ――そこに見え隠れする黒い影

本文イラストレーション◎後藤範行

※注　○本書における人名や事物については、読者の理解しやすさを重んじ、より一般的な名称を使用した。また、引用史料には、句読点や濁点を追加した部分もある。

○貨幣価値については、1両（＝1石）が現代の日本円のいくらに相当するかは非常に難しい問題だが、本書では便宜上、江戸初期の1両＝現代の10万円、江戸中期の1両＝5万円、江戸後期〜幕末の1両＝1万円として算出した。

○『徳川実紀』は19世紀前半に成立した、歴代将軍の公式伝記の総称。本来は『徳川実紀』という伝記シリーズがあるのではなく、徳川家康の『東照宮御実紀』のように将軍ごとに名称が異なる。本書では家康を扱った1章での略称を『御実紀』、2章以降は『徳川実紀』とした。

写真提供◎19ページ：嵯峨釈迦堂所蔵／アフロ、27ページ：共同通信社、30ページ：金田哲司／アフロ、71ページ：美齊津洋夫氏所蔵、77ページ：歴史民俗博物館所蔵、119ページ：（左）アフロ、（右）共同通信社、141ページ：共同通信社、149ページ：KIZAKI Minoru ／アフロ、161ページ：アフロ、181ページ：アフロ、191ページ：フォトライブラリー、205ページ：イマジンネット画廊所蔵／共同通信イメージズ、249ページ：フォトライブラリー

1章

# 江戸幕府を開いた男の知られざる〝裏の顔〟

## ――誰が踏み台にされて「泰平の世」はつくられたのか？

# 家康は金で人心を掌握していた

江戸幕府を開いた徳川家康といえば、日本史上屈指の苦労人というキャラクターで知られています。

幼少時から苦労し続け、その苦労に学び、それゆえ後に大成できたという「成功哲学」を体現する存在でもありますね。

一方、史料の行間から見えてくる家康の実像は、他人を簡単に信じられず、お金には細かくて神経質。「家康がもっとも恐れた男」と呼ばれるような人物も、リスト化できるほど大量に存在しています。

さまざまなエピソードが残る徳川家康について、まずはその「お金」にまつわる話から見ていきましょう。

## ●戦のたびに儲けていた家康の副業

**戦国武将にとって、豊富な現金の所有者であること、つまり現金力は「強さ」に直結する重大な要素**でした。なぜなら、戦をするにも大金がかかるからです。

たとえば、晩年、家康の側近の一人だった池田《いけだ》（備後守《びんごのかみ》）光重《みつしげ》が、「大坂冬の陣」に出陣した際の費用は、銀1千貫《がん》（1貫＝8万円として計算すれば約8千万円）か、それ以上だったと推測されています。

従者たちの鎧《よろい》や武器などの装備代、それに戦場での食費——戦がはじまって3日以内に終われば、〝雇い主〟が支給しなくてもよいルールはあったにせよ、この手の費用はすべて主人である上級武士が負担することになっていたので、実質的には銀1千貫でも苦しいところはあったはずです。そう考えると、家康のような大将格の武将ともなれば、池田たち上級武士の何十倍、何百倍の負担でしょう。

しかし、この手のお金関係の記録は、世知辛《せちがら》い台所事情を後世に残したくないという理由からか、ほとんど現存しないため、肝心のところは推測するしかないのは残念ですが……。

しかもそれだけ大金を投じて出陣しても、敵方の大将首でもあげない限り、具体的な見返りがありません。身分や名声が高いほど、出陣費用がかさむので、たび重なる戦は多くの武将たちをも苦しめていたのです。

とはいえ、**功成り名遂げた後でも、ちり紙一枚（正確には「奉書紙《ほうしょがみ》」）でも大切にしていた**という倹約ぶりが『**東照宮御実記**《とうしょうぐうごじつき》』（以下、『御実記』）でも語られる徳川家康には、金の心配などはありません。それどころか、部下や関係者の武将たちに融資――つまり**「金貸し」を通じ、戦のたびにさらなる儲けを得た**、とされているのです。

## ●家臣団の「鉄の絆」の原点

その手の経済活動を家康がいつ、どんな形で思いついて開始したのかは、よくわかっていません。しかし、家康に仕えていた松平家忠《まつだいらいえただ》という武将の『家忠日記』によると、天正《てんしょう》５（１５７７）年以降、それまでのように同僚の武将同士で戦の費用を融通し合うのではなく、主君である家康から金や米を直接借りたり、もらったりするよう

家康と忠臣の“鉄の絆”は“マネーの絆”だった!?
（嵯峨釈迦堂所蔵）

になったという記録が出てきます。また、それによって、家康と松平の主従の絆が飛躍的に深まっていく様子も見て取れるのです。

この逸話の時、家康はまだ36歳です。それにしては、ずいぶんと手慣れた融資ぶりで、比較的早い時期から部下への金貸しを積極的に行なっていたことがうかがえます。

家康は現在の愛知県東部、三河《みかわ》地方の出身で、彼の腹心で同郷の部下たちはその地名からとって**「三河武士」**と呼ばれます。彼ら三河武士と家康は〝鉄の絆〟で結ばれていましたが、その絆の実質は〝マネーの絆〟でもあったのです。

## 困った時に現金で助けてくれた主君は、

**とてもではないが裏切れない……そういう義理の積み重ねで、家臣たちをがんじがらめにしていった……。**それが、徳川家康の恐るべき人心掌握のテクニックだったと思われます。

## ●すべては金、といち早く理解していた家康

天正10（1582）年、織田信長から、安倍《あべ》金山を有する駿河《するが》（現在の静岡県の中部・北東部）を与えられたことで、徳川家の財政は目に見えて豊かになっていきました。「黄金太閤《たいこう》」と謳われた豊臣秀吉が、空恐ろしく感じるほどの財力を、この頃から家康は持つようになっていたとか。

それでも、豊臣秀吉から250万石の領地を与えられた天正18（1590）年以降も、**家康が有力家臣たちに与える〝給料〟（＝所領）は井伊直政《いいなおまさ》の12万石（現在の群馬県箕輪《みのわ》）が最高**で、彼のケチぶりに驚く武将たちは大勢いました。

かつて信長の家臣として仕えていた蒲生氏郷《がもううじさと》から「徳川殿は天性の吝嗇家《りんしょくか》（＝ケチ）だから天下の主《ぬし》たるべき器《うつわ》ではない」と評された逸話は『御実記』にも採用され

ています。そこでは節約の大事さが説かれているのですが、お金の力を深く理解していた家康には、別の算段もあったようです。

## ●弱った時にそっと手を差し伸べて……

慶長《けいちょう》19（1614）年から翌年にわたった「大坂冬の陣」「大坂夏の陣」において、家康はその富裕な財産をもとに、これまで関係の薄かった外様《とざま》の武将たちにも多額の融資を行ない、絆を深めていきました。

たとえば、豊臣政権から多額の献金を強要され、弱り果てていた伊達《だて》政宗《まさむね》に「銀100貫」、肥前《ひぜん》（現在の佐賀・長崎県）の大名・鍋島勝茂《なべしまかつしげ》にも「銀633匁《もんめ》」などと、家康は融資を立て続けに行なっているのです。そしてこのようにお金に困っていた時、家康に融資してもらえた大名の多くが、後の「関ヶ原の戦い」において徳川方についた事実は見逃せません。

しかし、家康が気前よく振る舞うのは、これらの融資――つまり「商売の時だけ」なのですね。先述のとおり、本来ならもっとも厚遇すべき重臣たちへの給与支払いを家康は渋り続けました。

江戸幕府成立後も、外様大名の前田家が治める加賀《かが》藩（現在の石川県）には100万石を許した一方、譜代《ふだい》大名の筆頭である井伊家が治める彦根《ひこね》藩（現在の滋賀県）に割り振られたのは30万石だけです。

家康がケチだといわれる理由の一つに、**身内への支払いを渋りがち**なところがあげられるのですが、そこには少ない金払いでも自分を慕《した》って付いてきてくれる部下だけが本当に信頼できるという、やや歪《ゆが》んだ信条があったのかもしれません。

## ●家康の真似をした「側室たち」

また、家康の側室《そくしつ》までもが、彼を真似て金貸しをしていたという記録があるのには驚いてしまいます。

江戸時代初期の寛永《かんえい》年間に成立した『当代記《とうだいき》』の「慶長十九（1614）年四月」の記事によると、**「この近年、大御所（＝家康）近習《きんじゅう》の女房衆（＝側室）、駿河においで金銀を商売《あきない》せらる」**とあり、ある「神子《みこ》（＝巫女）」を代理人に立てた家康の側室たちが、大名相手に金貸しをしていたというのです。

ここで問題を起こしたのが、冒頭に登場した、池田（備後守）光重です。

彼は「大坂冬の陣」への参加準備金として、家康の側室から銀1千貫（現代の貨幣価値で約8千万円）という大金を借りていながら、戦ではさしたる軍功を立てられず、結果的に返済が滞《とどこお》ってしまったそうです。

集金係の巫女から支払いを催促され、困りきった池田側は、袋に金ではなく、石を詰めて渡してきたので訴訟問題となりました。池田はこの件で改易《かいえき》（＝取り潰し）されています。

それでも彼は、「大坂夏の陣」に徳川方で参戦しますが、武功はあげられずじまいで戦後には病死してしまいました。そのため、側室たちの大切な「銀1千貫」も、池田の死とともに貸し倒れになってしまったのか――はっきりとしたことはわかっていません。ただ、家康自身は、側室たちと池田の間の金銭トラブル解決には乗り出さず、「（駿府《すんぷ》）町奉行《まちぶぎょう》の彦坂久兵衛《ひこさかきゅうべえ》（もしくは九兵衛）という男に任せろ」と言っただけでした。

## ●日本史上有数の大富豪となるカラクリ

晩年の駿府（現在の静岡県）時代の家康は、直轄領（＝天領）だけでも400万石という広大な領地を持ち、日本史上有数の富豪に成り上がっていました。

領内のあちこちに良港がありましたから、海運業でも儲けていたでしょう。また、豊臣時代に開発された生野《いくの》銀山・佐渡《さど》金山なども手中に収めていたので、それらを合計すれば1千万石以上の収入が、毎年あったのではないでしょうか。

江戸時代、自領の農業収入の取り分は領主が4割という決まりがあり、海運業や鉱山業の取り分は不明ながらも、家康の年収は現在の貨幣価値で数千億円をくだらなかったはず。

もちろん、そこからすべての家臣の給与を支払ったりと、多額の出費はあったのでしょうが、信長、秀吉に続く、3人目にして最後の「天下人」となった家康の圧倒的な強さを支えたのは、あり余る富の力でした。

## 切り取られた「蘭奢待」、そこに家康の本当の顔が！

奈良時代の聖武《しょうむ》天皇ゆかりの文物で、奈良の正倉院《しょうそういん》に現在も大切に保管されている伝説の香木**「蘭奢待《らんじゃたい》」**。正式名称は「黄熟香《おうじゅくこう》」で、実物はかなり大きく、香料の研究で知られる山田《やまだ》憲太郎《けんたろう》博士の調査によると、「長さは160センチメートルあまり、重さは11・6キログラム」もありました。

しかし、聖武天皇の時代の蘭奢待はさらに大きく、13キログラムほどあったのではないかといわれています。これはつまり、**聖武天皇の治世から現代に至るまでに、約2キログラム相当分の蘭奢待が「何者かの手で切り取られてしまった」**ことを意味しているのです。

現時点で、公式に切り取り記録がある3箇所には付箋《ふせん》が付けられ、それぞれに**足利《あしかが》義政《よしまさ》、織田信長、明治天皇**の名前が書いてあります。

謎めいた蘭奢待の香りについて、史料の中で唯一、詳しい言及があるのは、明治10（1877）年に奈良を訪れていた明治天皇が、当地で蘭奢待を焚《た》かせた時だけです。「**薫烟芳芬《くんえんほうふん》として行宮《あんぐう》に満つ**」（『明治天皇紀』）――力強い芳香が立ち昇り、建物中に満ち溢《あふ》れたというのですから、すごいとしか言いようがありません。

蘭奢待は沈香《じんこう》と呼ばれる種類の香木に分類され、高級品になればなるほど香りが強くなります。また、伝統的な香道の作法では、わずか1グラムほどの香木から、最大で60～70枚ほどの小片を切り出せるそうです。沈香の中でも最高級品とされる「伽羅《きやら》」なら、ごくわずかな量を焚くだけでも、部屋中に「幽玄《ゆうげん》」とたとえられる香りが染み付くほどに広がるのです。

それゆえ、蘭奢待が驚くほど強い香りを有していたという明治時代の証言は、誇張ではないと思われます。

## ●権力者たちを虜にした伝説の名品をどう扱ったのか

そんな蘭奢待をめぐる〝覇者〟の振る舞い一つにも、彼らの性格や価値観が出るも

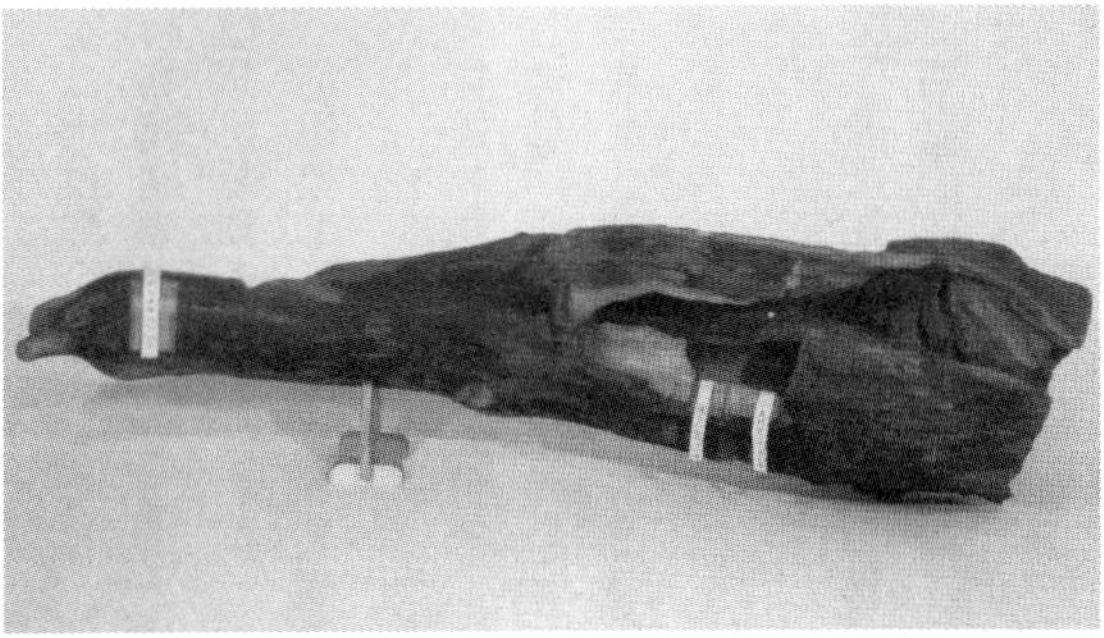

公式記録では日本史上３人だけが切り取ったとされる
正倉院に伝わる伝説の名香木「蘭奢待」を家康は……

のです。

織田信長が蘭奢待を切り取った時の逸話はかなり豊富に残されています。その信長に憧れ、自身の金と権力をひけらかすのが大好きだった豊臣秀吉には諸説あるものの、信頼できる史料の中では蘭奢待に執着した記述はうかがえません。唯一、千利休《せんのりきゅう》が秀吉をもてなした茶会の中で、その香りに接したことがある程度のようです。

一方、長い戦乱の世を終わらせ、江戸幕府の礎《いしずえ》を築いた家康は、信長同様、蘭奢待に独特の執着を見せた一人です。

信長のように堂々と切り取ってもおかしくはないのに、慎重派の家康は表立った切り取り方はしていません。このあたりにも彼の価値観や人柄が出ているように思われます。

正倉院の記録によると、征夷大将軍《せいいたいしょうぐん》になった直後の慶長8（1603）年2月、家康は正倉院の修理を命じています。また『御実紀』によると、**家康は宝物《ほうもつ》収納用の長持《ながもち》を30個も、正倉院を管理していた東大寺に寄進《きしん》した**とあります（『古事類苑《こじるいえん》』。数には諸説あり）。

徳川家と正倉院＝東大寺は一見、何の繋《つな》がりもなさそうですが、そういう寄進が「天下人」となった自分の義務だと言わんばかりの行動で、この時の家康には、天皇の身代わりのように振る舞っている印象までありますね。

また、将軍就任の前年にあたる慶長7（1602）年7月、家康は本多正純《ほんだまさずみ》と大久保長安《おおくぼながやす》という腹心の部下二人を奈良に派遣し、天皇の許しを得て正倉院の扉を開かせ、蘭奢待の実物を彼らに視認させただけという、やや不自然な記録も残しています。

江戸時代の間に盛んに作られた家康の遺徳を称《たた》える逸話集では、このエピソードを翻案した記事が**「（家康が）正倉院を開かれしも蘭奢待は切取らざりし事」**（『披沙揀金《ひさかんきん》』）などとして登場したりします。

しかし先述のとおり、正倉院の建物を修繕させたり、高価な材料を使った長持を30個も寄進したりして恩を売った家康に対し、東大寺側が内々に蘭奢待を切り取り、献上させられていたことは間違いないと思われます。

## ●秘密裡に行なうために……

家康にとっての蘭奢待の切り取りは、絶対的な権力の証《あかし》を得ることに等しく、征夷大将軍になった直後という時期も重要だったのでしょう。

**家康による〝成功例〟を真似て、秘密裏に蘭奢待を得るべく、正倉院に寄進を行なった将軍家関係者は、その後も少なからずいました。**

有名なエピソードだけ拾っても、５代将軍・徳川綱吉《つなよし》にも、蘭奢待を切り取らせたという公の記録はないものの、蘭奢待を納める唐櫃《からびつ》を正倉院に寄贈したという記録があります。実際、櫃の蓋《ふた》の裏に「征夷大将軍右府《うふ》源《みなもとの》綱吉《つなよし》」（＝５代将軍・徳川綱吉）による寄贈品であることが明記されています。また、綱吉の母・桂昌院《けいしょういん》も正倉院に手厚い援助を行なったことで知られます。

その他にも、11代将軍・徳川家斉《いえなり》が綱吉同様に記録こそないものの、正倉院の御物《ぎょぶつ》を納める「外箱」を16個寄進したという記録があります（『大日本佛教《ぶつきょう》全書』）。数は史

この御紋がついているというだけで……

料によって異なる)。徳川家からのこの手の寄進への返礼は、東大寺側が蘭奢待を切り取ることで賄《まかな》っていたのではないか、と考えられます。

江戸時代の徳川将軍家の権勢は、京都の天皇家を遥かに上回っていたとよくいわれますが、30〜50回ほどあるとされる蘭奢待の「秘密裡の切り取り」のうち、徳川将軍家が内々に行なわせたものは、想像以上に多いのかもしれません。

蘭奢待はその姿を見るだけでも、勅許《ちょっきょ》(＝天皇の許可)が必要とされるほど貴重な宝物でした。それを多少の根回しと内々の意向だけで、何度も切り取らせることができる地位にいた徳川将軍家の権力の凄まじさ……考えるだけでも空恐ろしくなってしまいます。

# 「天下人」の心をつかんだのは誰だ

**徳川家康はその生涯で二人の正室と、15人の側室を持ちました。**

彼の前半生において、側室にした女性の大半が経産婦で後家《ごけ》（＝未亡人）という特徴を持ち、これが「家康の熟女好き」といわれるゆえんなのでしょう。

家康最愛の女性の一人とされ、2代将軍・秀忠《ひでただ》を生んだ西郷局《さいごうのつぼね》も後家でしたし、彼女が38歳の若さで早逝《そうせい》すると、〝継母〟となって秀忠を育てた阿茶局《あちゃのつぼね》も、後家の身から家康の側室となった女性でした。

後に松平忠輝《ただてる》を生むのは茶阿局《ちゃあのつぼね》ですが、鋳物《いもじ》師の妻という身分の低い女性にもかかわらず、その美貌ゆえに当地の代官から横恋慕《よこれんぼ》され、夫を殺されてしまっています。失意の彼女は鷹狩り中の家康の前に飛び出し、不幸な身の上を切々と訴えました。そして亡き夫の敵討《かたきう》ちを代行してもらうお礼に、家康の側室になる約束をしたという逸話があります。

しかし、史実では家康が彼女を哀《あわ》れに思い、浜松城で抱えるようになってから10年後、ようやく二人は相思相愛の関係となるという紆余曲折《うよきょくせつ》を経たようです。

出産経験のある後家を家康が好んだのは、世継ぎを残せる可能性が高いからという推測もできますが、どうやら、実家の利益のために政略結婚と離婚を何度も繰り返さざるをえなかった**自分の母・於大《おだい》の方《かた》のように、どこか不幸な翳《かげ》を持つ女性に家康は惹《ひ》かれやすかった**ような気がします。単純に女好きだった豊臣秀吉に比べ、家康の女性観には屈折した部分が感じられるのです。

## ●老年になって訪れた〝第二の青春〟

また、これが彼の女性の趣味の話といえるかどうかは微妙ですが、家康は武田《たけだ》家ゆかりの女性にも独特の執着を見せました。

かつては武田信玄《しんげん》との戦で死の恐怖すら味わったこと（52ページ参照）への復讐《ふくしゅう》でしょうか、天正10（1582）年、織田信長との共同戦線による「甲州征伐《こうしゅうせいばつ》」の末、

## 「女狩り」を可能にした家康の超健康法とは

**名実ともに甲州征服を成し遂げた後、家康は武田家ゆかりの女性を次々と側室にする通称「女狩り」を行なった**という逸話があります。この時、家康は41歳でした。

当時の年齢感覚では40歳になると「長寿」を祝いましたし、老齢のはじまりともされるのが40代だったのですが、家康はそれから49歳になるまでの間に、実に8人もの女性を続々と側室に加えていったのです。

家康にとっての40代は、彼の性活動がもっとも盛んな〝第二の青春〟だったともいえるでしょう。ある意味、あっぱれともいうべきでしょうか。

しかし、49歳になった家康は突如、13歳の少女、お梶《かじ》を側室にしたことを契機に熟女趣味を捨て、一人の例外を除き、10代の少女ばかりを愛するようになっています。ただ、これも彼の中で女性の趣味が変化したというより、戦国時代後期に宮中から流出し、武将たちの間にも広がりつつあった**秘伝の医学書『医心方《いしんぽう》』の影響がある**のかもしれません。

同書は性行為で健康が得られると説き、中年期の男性に、なるべく年若く、出産経験がない女性ばかり10人を一晩の間にとっかえひっかえ抱くことを勧めており、しかもそれで一度も射精しなければ、不老長寿が得られると説いているのです。

家康もそれに近いことを試みたのかもしれませんが、射精は頻繁にしてしまっていたようで、お万《まん》という側室が生んだ頼宣《よりのぶ》と頼房《よりふさ》がそれぞれ紀州《きしゅう》家と水戸《みと》家、そしてお亀《かめ》が生んだ義直《よしなお》が尾張《おわり》家の祖となりました。

**家康は自分で薬を調合するほどの健康マニア**で、胃腸薬と強精剤に相当する漢方薬を日常的に摂取していたことで知られます。晩年の家康は、老化に抗《あらが》う効果が期待される「無比山薬円《むひさんやくえん》」という強精剤に、希少な強壮薬である「海狗腎《かいくじん》」(=オットセイの陰茎)を加えたものを(薬箱の8段目に入れていたので)「八の字」と呼び、とくに愛用したと伝えられるのですが、それも10代の側室たちを相手にするための努力の一貫でしょうか。

いずれにせよ、徳川御三家は、晩年の家康の少女趣味から生まれたといっても過言ではないのです。

## ●家康が愛した美少年――万千代

そんな〝女好き〟として知られる家康にも、実は〝特別な男性〟がいました。**お相手は「徳川四天王《してんのう》」の筆頭格と謳われる井伊直政**です。

家康の側近の大半は、徳川家（当時は松平家）と古くから主従関係を結んでいた「三河武士」を先祖に持つ者たちなのですが、井伊直政は例外でした。

武家政治と男色《なんしょく》は、切っても切れない関係にありました。

「政治が王朝から武家に転じて、新政治が根本から民衆的となった結果、従来は（女犯禁止の僧侶など）ほとんどある階級にのみ限られてあったごとき男色風俗が、先《ま》ず武家の間に迎えられて盛行」していき、「後世徳川期に下ると、段々洗練された」（岩《いわ》田準一《たじゅんいち》『本朝男色考』）と考えられるからです。

直政は少年時代、〝虎松《とらまつ》〟と呼ばれ、家臣に匿《かくま》われながら育ちました。彦根一帯を治めた名族・井伊家の出身でありながら、彼の父が殺害されていたためです。

天正3（1575）年、15歳の虎松は、19歳年上で当時34歳だった家康と偶然の出会いを遂げ、運よく彼の家臣に迎えられることになりました。彼が〝万千代《まんちよ》〟と呼ばれはじめたのは、家康の小姓《こしょう》（＝武将の身辺に仕え、諸々の雑用を行なう者）だった時代の話です。

興味深いことに、家康の公式伝である『御実記』にも、**「只者《ただもの》ならざる面ざしの小童《しょうどう》」である万千代に、鷹狩り中の家康が目を留めた**、とはっきり書かれています。大好きな鷹狩り中であるにもかかわらず、万千代のあまりの美少年ぶりに狩りも忘れ、驚き、声をかけてしまった……というのが両者の出会いのようですね。客観的で簡素な記述の多い『御実記』の中で、顔の美しさについて触れたこの箇所は、かなり異例です。

また後年、井伊直政の子の直孝《なおたか》も、父親に顔が似ていること、父親譲りで雄略《ゆうりゃく》（＝雄大な計略）に優れているなどの理由で、家康から強い関心を示されたことも追記しておきましょう。

同書内で顔について語られるのは、ほぼ井伊家の男性だけの特徴のようです。

また、美しさだけでなく、万千代は高い知性の持ち主でもありました。

『寛永系図』内の「井伊氏族系図伝記」、「直政公御一代記」などによると、万千代の小姓としての優れた働きぶりに感銘を受けた家康は、彼にその理由を問うてみたところ、名族・井伊家の血筋であることが判明しました。すると家康は、井伊谷《いいのや》（現在の静岡県浜松市、浜名湖の北側にある地区）を万千代に気前よく下賜《かし》したのです。

吝嗇家で慎重な家康が、見ず知らずの万千代を思いつきで小姓として召し抱えたり、領地まで与えてやったというのは、ずいぶんと不思議なことです。

家康や直政と同時代人の小幡景憲《おばたかげのり》は、その編著書『甲陽軍鑑《こうようぐんかん》』の中で、**井伊直政が万千代と呼ばれていた頃に「家康の御座《ござ》を直す」役割を仰せつかって寵愛《ちょうあい》されるようになった**と意味深な証言をしています。

主君の身の回りのお世話をするというのが「御座を直す」の表の意味ですが、本当の意味は「男色関係にあった」という風に解釈しうる箇所なのです。

当時、小姓の若者が、主君の単なる〝お気に入り〟を通り越し、性愛の対象となる場合、「色《いろ》小姓」などと侮蔑《ぶべつ》的に呼ばれることもありました。

しかし、直政の場合、当時あるいは後世に書かれた文章にも、そういうニュアンスは感じられず、ひたすらに「神君《しんくん》」家康の寵愛を独り占めした果報者として、羨望《せんぼう》されているのは興味深いことです。

## ●書き残された〝特別な関係〟

家康と万千代時代の直政が、本当はどんな関係だったのかを明示する確かな一次史料は存在していませんが、二人の関係を完全な俗説として退《しりぞ》けることもできません。少なくとも家康にとって直政は〝特別〟であった、と深読みしうる情報は、信頼できる史料にも散見されますからね。

**天正4（1576）年、万千代時代の直政は16歳の若さで初陣《ういじん》を飾ったのに、当時の成人式にあたる元服《げんぷく》はまだ行なわれていませんでした。**直政の元服は、天正10（1

582）年、彼が22歳の時で、この頃の水準ではかなり遅いといえるでしょう。元服すると、少年の美しさの象徴である前髪を剃《そ》り落としてしまうので、それを家康が惜《お》しんだと考えてもおかしくはありません。

また、執心していたのは主に家康のほうで、直政には安藤（帯刀《たてわき》）直次《なおつぐ》という別の恋人もいたとする逸話もありますね。

実際、安藤が**「（家康の）御愛童井伊万千代に恋慕、御小姓部屋に忍び込たる義之《これ》有《あり》」**と、『（安藤）旧談』という史料が存在します。これは江戸時代中期、家康の十男で、紀州徳川家の祖・徳川頼宣の治世中に成立した回顧録なのですが、安藤直次と直政の関係は、家康から黙認されていたようです。

自分のお手付きではない奥女中に文（＝手紙）を送った小姓には厳しい対応を見せたことで知られる家康が、彼の同性の恋人とされる直政の部屋に忍び込んだ安藤には何のお咎《とが》めもしていません。惚《ほ》れてしまった側の弱みでしょうか。それどころか、晩年になってから授かり、目に入れても痛くないほどかわいがっていた頼宣のことを彼に任せているのですから、不思議な絆ではありますね。

後に、安藤家は紀州徳川家の付家老《つけがろう》（＝将軍から直接の命令を受けて、その者の家老に付けられた家臣）にまで出世しています。

## ●年月を経ても想いは続く……

家康の直政への寵愛は、非常に長く続いたと思われます。なぜなら、家康には40代を目前とした直政にも、以前と変わらぬ愛情をほとばしらせていたと思われる逸話が残っているからです。

若かりし頃は相思相愛でも、当時の男色の関係は、年齢を重ねた後には途絶してしまうのが一般的なので、この点でも家康と直政は異例だったといえるでしょう。

「関ヶ原の戦い」の当時、すでに井伊直政は徳川家康の重臣となっており、また、徳川家随一の勇猛果敢な武将として知られていました。

家康の四男・松平忠吉《ただよし》の後見人を務めていた直政は、慶長5（1600）年9月15日、「関ヶ原」開戦の火蓋《ひぶた》を切ったことで歴史に名を残しています。もともとは旧豊臣方の福島正則《ふくしままさのり》に任されていた「一番槍《いちばんやり》」を奪い取って（最近の研究では、控えめな形だったといいますが）の先駆けでした。

戦場において、一番槍を務めることは武将にとって最大の誉《ほま》れです。それは真正面から敵の攻撃を受けうる、生命の危険と隣り合わせの行為だからです。

また、豊臣方の島津《しまづ》義弘《よしひろ》の大軍が、徳川軍の真ん中を強行突破して退却しはじめた時（いわゆる「島津の《の》退き口《ぐち》」）、井伊直政は鉄砲による攻撃をものともせず、島津隊を果敢に追いあげています。

この時、直政は右腕あるいは右肘《ひじ》、もしくはその両方を撃たれてしまったようですね。これを真実だと裏づけるのが戦いの翌日、つまり9月16日以降、直政は書類などのサインに相当する「花押《かおう》」を書かず、判が押されるようになったという事実です。

『御実紀』（附録巻十）によると、家康は「関ヶ原の戦い」の夜、息子の忠吉と直政が同じように鉄砲で怪我をしていることに気づきながらも、意訳すると**「忠吉が成果を出せたのは支えてくれた者のおかげ」と言って、直政の傷には自らの手で薬を塗り付けてやった**そうです。

逸話集『永内記《えいないき》』では、さらにこのエピソードを深掘りして伝えており、**「薩摩守《さつまのかみ》**

**（＝忠吉）御手《おんて》負《お》れ候《そうろう》には、御頓著《ごとんちゃく》なく」**……松平忠吉も直政と同じように鉄砲傷を受けていたにもかかわらず、家康はさしたる反応を示さなかったと付け加えています。「負傷した我が子よりも、臣下の武将をいたわった家康の徳の高さ」を物語るためのエピソードだといわれますが、本当にそんな風に解釈してよいものでしょうか。

## ●「愛する者の死」に直面して

家康の手当と、その後の養生もむなしく、直政は慶長7（1602）年2月1日、佐和山城《さわやま》（現在の彦根市）にて亡くなりました。鉄砲傷を負う前に、つまり「関ヶ原の戦い」以前から、直政は体調不良が続いていたとされますが、それでも早すぎる死でした。まだ42歳でしたからね……。

家康は直政の死を大いに悲しんだはずですが、**『御実紀』には「なぜか」直政の死についての記事は省かれてしまっています**。理由はよくわかりません。

とくに直政の死の前年、つまり慶長6（1601）年の論功行賞では一番に直政の名前があげられ、佐和山18万石が与えられたとあるのに、翌年の彼の死についての情報が抜けているのは、鎌倉幕府の公式史『吾妻鏡《あずまかがみ》』で、源頼朝《みなもとのよりとも》の死の情報が欠落しているのと同様の不自然さを感じてしまいます。

おまけに、直政の死の前後の時期で『御実紀』は「巻四」から「巻五」に改まり、彼の死の記述がないことに読む人が気づきにくくなっているのです。直政の死で家康が見せた悲憤慷慨《ひふんこうがい》ぶりは、「天下人」の振る舞いとしてはふさわしくない、という理由で公式記録からは省かれてしまったのかもしれませんが……。

その真相は定かではありませんが、家康の寵愛をめぐって争ったのは、女性たちだけではなかったようです。

# 真実か？ フィクションか？「神君伊賀越え」とは

諜報《ちょうほう》活動の役目を担《にな》って、戦国時代から江戸時代にかけて活躍していたという「忍者」。しかし、近世文学研究者の吉丸雄哉《よしまるかつや》氏によると、「忍者」と書いて「にんじゃ」と読むようになったのは、実は昭和30年代のことだとか。それまでは「しのびのもの」と読ませていたそうですね。

現代の日本における忍者のイメージの多くは、昭和の漫画や小説、時代劇の中で創作されたものにすぎないのです。

## ●歴史に残る〝受難劇〟の真相

**忍びの者が大きく関わったことで、歴史の流れが変わったとされる事件として有名**

「忍者・服部半蔵」は戦後生まれ!?

な**「神君伊賀《いが》越え」**も、史実と後世のイメージがかなり異なる可能性が指摘されるようになりました。

「神君伊賀越え」とは、徳川家康の〝受難劇〟です。

天正10（1582）年6月2日の早朝、明智《あけち》光秀《みつひで》が織田信長に謀反《むほん》を起こし、「本能寺の変」が勃発。家康は、実質的な織田家の配下にいましたから、明智方に味方するという旗幟《きし》を鮮明にしない限り、彼らから命を狙われることになってしまったのです。

家康が、本能寺で信長が亡くなった事件を知ったのは、堺《さかい》（現在の大阪府）です。堺から徳川家のホームグラウンドである三河まで、大急ぎで逃げ帰る家康一行の前に、〝伊賀忍者〟の服部半蔵《はっとりはんぞう》が現われ、山中の杣道《そまみち》を案内し、一行を三河まで無事、帰すことに成功したという話が定説としてありますね。

また、その時の功績を以《もっ》て服部半蔵や伊賀忍者たちは、後に徳川幕府にも仕官するようになったのだ……という逸話は、戦国時代を扱った「大河ドラマ」などでも、ほぼ毎回採用されています。

しかし、史実をたどれば、これらは定説どころか相当に怪しい話なのです。

## ●家康一行の逃亡を手助けしたのは

とくに近年、**「本当は、（現代で言う）伊賀地方を通って逃げたのではなさそう」**という点と、家康の逃亡を助けたのは**「服部半蔵が率いる伊賀忍者ではない」**という点の二つから、後世の創作物の中で語られたイメージが膨れあがってできた「神君伊賀越え」の〝通説〟には、大きな疑問が投げかけられることになったのです。

当時の口語で言う「伊賀」とは、大坂近郊の河内《かわち》地方から、三重の伊勢《いせ》あたりまでという、かなり広い地域を指していたと、最近の研究では考えられています（渡辺俊経《わたなべとしのぶ》『甲賀忍者の真実』）。ですから、家康が「伊賀越え」をしたところで、伊賀地方を根城《ねじろ》とする伊賀の忍者が活躍できる地域だったとは限らないのです。

では、「家康の逃亡を本当に手助けしたのは誰？」という疑問に対しては、実際に動いたのは伊賀忍者ではなく、当時、**「甲賀《こうか》武士」と呼ばれていた土着の武士集団**であったと考えるほうが自然だということがわかります。

逃亡成功から1週間後の天正10（1582）年6月12日付で、徳川家康は服部半蔵ではなく、甲賀武士の首領格の和田定教《わださだのり》あてに礼状を書いています。そして、後に家康は、甲賀武士たちの中から、約20家ほどを旗本《はたもと》として、つまり御直参《ごじきさん》の上級武士として召し抱えています。

それでは「服部半蔵は……？」と疑問が浮かびますが、「半蔵」とは、服部家の当主が代々襲名する〝通り名〟なのですね。当時の服部半蔵こと、本名・服部正成《まさなり》は実在の人物ではありますが、彼は家康と同じ三河の岡崎生まれ、岡崎育ちの「三河武士」。忍びの者ではありませんから、彼が伊賀の山道を知り尽くしているはずもないのでした。

## ●なぜ、「服部半蔵」が登場するようになったのか

では、いつから「神君伊賀越え」に服部半蔵や、伊賀忍者が当たり前のように登場するようになったのでしょうか。これも戦国時代末期に起源があるわけではなく、大正時代の歴史小説がきっかけなのです。

忍者小説を研究する田村梨紗《りさ》氏の論文『「忍者・服部半蔵」の誕生』によると、大正時代に第一次忍者ブームがあり、そこで「神君伊賀越え」に忍者が登場するようになるのですが、この時の忍者は豊臣家が放った〝家康の敵〟で、忍者たちから家康を護ったのは、後の大僧正《だいそうじょう》・天海《てんかい》だったそうです。

それが昭和10年～30年代の第二次忍者ブームにおいて、はじめて家康を守護する武士にして忍者たちの元締め、という位置付けで服部半蔵の名が語られるようになりました。ちなみに忍者・服部半蔵が黒い忍者服で登場した最初の例は、『カムイ伝』で知られる漫画家・白土《しらと》三平《さんぺい》の作品『忍者旋風』（昭和34〈1959〉年）だったとか。

すべてが最近の話で驚くしかありませんが、それらが大人気作品となった結果、現

在の日本で「忍者といえば服部半蔵」というイメージが定着していったことは間違いないでしょう。

## ●最初にこの事件を語った人物

それでは、それ以前に「神君伊賀越え」という事件は、どのように語られてきたのでしょうか。

最初の記録は『石川忠総留書《いしかわただふさとめがき》』という古文書にあります。しかし、これは事件から約60年も経過した後、家康一行の同行者だった大久保忠隣《ただちか》の子・石川忠総が、（父が故人ゆえに）親族などに聞き取りを行なった末になんとか作成したもので、一次史料とはとても呼べない代物です。

時の将軍・徳川家光は、祖父・家康を非常に敬愛していました。それゆえ、家康の人生で最大の苦難だったと語られる「伊賀越え」の事件の詳細が、なぜか曖昧《あいまい》になっているので、事態を正確に把握したいと願ったのです。

しかし、闇に消えた事実を家光が知る術《すべ》はなく、家光が喜ぶように石川忠総が創作せざるをえなかった……それが「神君伊賀越え」の〝物語〟の原点だったといえます。

## ●幕府公式史にはこう描かれていた!?

幕末の天保《てんぽう》14(1843)年に完成した、幕府の公式史『徳川実紀』のうち『東照宮御実紀』では、服部半蔵や忍者の道案内は一切登場せず、**「近江《おうみ》国甲賀のその土地の侍《さむらい》など100人余りが道案内に参上した」**と明記されているのが注目されます。

しかし、「家康一行は甲賀を通ったようなのに、どうして伊賀越えと呼ばれているのか」という問題は巧みにスルーされています。伊賀地方から移り住んできた者も家康を助けに来たという、苦しい補足がなされているところも見過ごせません。

なぜ、こんな不自然なことが起きたのでしょうか——。すべては、「神君」家康の名誉を守るためだと思われます。

たしかに、山道を必死で逃亡した家康一行の記憶が曖昧になるのは当然ですし、これを家康の人生最大の艱難《かんなん》として『御実紀』も描いています。

しかし、必死さにも限度というものがあります。伊賀と甲賀を間違えることは、どこを通って自分たちが逃げているかもわからないくらい、アタフタとした逃走劇だったと認めることに他なりません。それでは「神君」家康の威厳は損なわれてしまう……そう考えられたのではないでしょうか。

そもそも、武士が敵に背中を向けて一目散に「逃げる」という行為自体、名誉あるものとはいえませんからね。

『石川忠総留書』の完成時にも、本当は甲賀を通っていたという内々の理解はあったのでしょうが、「伊賀越え」の名称は変えない、というスタンスを幕府が守った以上、甲賀の協力者やその子孫たちは、江戸時代の間は先祖の手柄を公に語る権利すら与えられず、沈黙せざるをえなかったのだと考えられます。

**「神君」家康の権威によって、事実ではないことが真実になりえた**……それが江戸時代の〝普通〟です。権力者が歴史を文字通り「創った」という恐るべき背景が、「神君伊賀越え」からは垣間見えるのです。

# 徳川家康、人生最大の「しくじり」伝説

徳川家康には、生涯付きまとう恐怖の「しくじり伝説」があります。
**元亀《げんき》3（1572）年12月22日、徳川・織田の連合軍と、戦国一の猛将・武田信玄率いる武田軍が激突した「三方ヶ原《みかたがはら》の戦い」**がありました。そしてこの戦こそが家康にとっては、幾重もの意味で「運命の戦」になってしまったことは間違いありません。

この戦いを契機に、家康に「脱糞《だっぷん》伝説」が生まれてしまったからです。

「三方ヶ原の戦い」において、家康が率いた軍の兵力は諸説ありますが、織田家からの援軍を含み、1万5千人程度。多く見積もっても約2万人程度だったと思われます。

一方、武田軍は約3万人。おまけに武田兵の気迫はかつてないほどで、通常、攻略するのに1カ月はかかる規模の城をなんと3日で落とすなど、凄まじい勢いを見せて

いました。

そんな武田軍を迎え撃たねばならなくなった家康は、「三方ヶ原の戦い」の前に、「一言坂《ひとことざか》の戦い」、そして「二俣城《ふたまたじょう》の戦い」という二つの小規模な戦闘を行ないましたが、その両方に惨敗しています（この「一言坂の戦い」の名前を、読者のみなさんはよく覚えておいてくださいね）。

惨憺《さんたん》たる敗戦に激昂《げっこう》した家康は、止める部下たちを振り切り、全軍を率いて、武田軍を迎え撃とうとします。

しかし、武田軍の移動スピードは家康の想定を遥かに上回っていました。武田を迎え撃つ予定だった三方ヶ原において、逆に万全の状態で徳川軍を待ち構えていた武田軍と会敵することになり、家康にとっては大変不利な状況のままで戦が始まってしまったのです。そして、結果はまたもや惨敗……。

**この時は、ただ戦に負けただけでなく、命の危険も感じるほどの大敗であり、その恐怖を家康は生涯忘れられず、その後何度も悪夢にうなされたと伝えられています。**

敗走時の家康は恐怖のあまり、馬上で自身が脱糞したのに気づけないほどだった、というのが、「家康脱糞伝説」のあらましです。

## ●伝説は、時の将軍によって消されてしまった！

しかし、これはさすがに「ガセ」の話でした。

脱糞伝説の発生源は、江戸時代中期、つまり17世紀半ばに書かれた『三河後風土記《みかわごふどき》』という創作物です。

しかもこの書物は江戸時代後期、11代将軍・徳川家斉の命《めい》を受けた学者たちの手によって内容の改訂を受け、天保8（1837）年、『改正三河後風土記』として再刊行されているのです。

この時、重要訂正ポイントとされていたのが、家康の脱糞伝説でした。『改正三河後風土記』には、その脱糞伝説を「妄説《もうせつ》」として削除したという、徳川幕府からの公式コメントがわざわざ記されているほどの力の入れようで、苦笑してしまいます。

オリジナルというべき『三河後風土記』に登場した**「大久保忠佐《ただすけ》、神君浜松へ御帰城の時、其御馬の鞍壺《くらつぼ》に糞《くそ》があるべきぞ、糞をたれ逃給《たま》ひたりと罵《ののし》りたるよし」**の部分が、非常に問題視されたようです。

この問題箇所に、言葉を補いながら現代訳すると、「一言坂の戦いで負けた家康公が浜松城に逃げ帰った際、彼の鞍壺に糞があるのを見つけた側近の大久保忠佐という武将が呆《あき》れ返り、〝糞を漏らしながらお逃げになっていたとは！〟と家康公を罵倒《ばとう》した」というのです。

**しかし幕府は、「一言坂の戦い」に家康公は出陣しておらず、糞の漏らしようもない。ゆえに、この部分は『改正三河後風土記』では削除した、と結論づけました。**

これが江戸後期の徳川幕府の公式見解なのですが、改訂完了後も家康脱糞伝説はなぜかしぶとく生き続け、その影響は今日まで続いてしまっています。

「一言坂の戦い」は、家康率いる徳川軍が武田軍の追撃をかわし、浜松城まで逃げ帰る際に発生した退却戦であり、そこに家康本人がいなかったというのは実におかしな話なのです。

こういう奇妙な結論が出された背景は、次のように分析できるでしょう。

家康公の脱糞伝説はいつのまにか日本中に広まっており、それが将軍・徳川家斉のお耳にまで届き、彼を悩ませるほどになっていた。そこで、御用学者たちが集められ、家康脱糞伝説の息の根を完全に止めるには、本人がその場にいなかったというアリバイづくりを行なうしかないとの判断が下された。しかし、下手な嘘をついてごまかしたため、よけいに怪しくなってしまった——というところでしょうか。

インターネットがない時代なので、こういった嘘も通用したのかもしれませんが、『三河後風土記』の改訂作業に呼ばれるくらいの学者であれば、それがおかしいことくらいはわかっていたでしょう。気分を害し、事実抹消を望む家斉将軍の前には、アカデミアの人間などは屈服せざるをえなかったのかもしれません。

## ●なぜ、こんなに話が盛られたのか

それにしてもなぜこんな奇怪な話が、三方ヶ原の大敗の前哨戦《ぜんしょうせん》にすぎない「一言坂の戦い」に盛られていったのでしょうか。

『三河後風土記』の筆者（氏名不詳）に限っていえば、一言坂と三方ヶ原をワザと取り違え、三方ヶ原ではじめて武田軍の主力に接してボロ負けした家康の強い恐怖心を表現しようと過剰演出し、同時に方向性を誤ってしまったとしか推測しようもありません。

家康には、三方ヶ原での大敗を生涯忘れないよう、敗戦時の苦渋に満ちた自らの表情を絵に描かせたと説明される、通称**「しかみ像」**なる肖像画もあります。

〝恐怖する徳川家康〟というイメージを固定させたエピソードではありますが、実はこれも後世に作られたものであり、少なくとも史実ではありえないと驚かれるでしょうか。歴史的に見れば「しかみ像」は、その手法から江戸時代になってから描かれた絵だと考えられ、その絵が三方ヶ原での大敗に結び付けられるようになったのは、昭和になってからの話だったのです。

それは昭和47（1972）年、この「しかみ像」が、ある展覧会に出品された時のこと。尾張徳川家の当主・徳川義親《よしちか》氏が**「三方ヶ原での手痛い敗戦を生涯忘れぬよう、自分のみじめな姿を家康公が描かせた」**というコメントをしたことがすべてのはじまりです。

おそらく、彼がその場で創作したというより、尾張徳川家にはそのような伝説が代々、語り継がれていたのであろうと推測されます。「三方ヶ原の戦い」で家康が苦戦したことは事実であり、先祖の苦労を子孫として偲《しの》ばねばならないという発想の中で、いつしか「しかみ像」の伝説が発生したのではないでしょうか。

## ●並外れた偉人には「二つの人生」がある

徳川家康のような並外れた偉人にとって、人生とはつねに二つあるのです。一つは**「史実の人生」**、もう一つは**「伝説化された人生」**。

家康の場合は、後者の「伝説化された人生」のインパクトが時に「史実の人生」を上回るほどに強すぎて、さまざまな逸話やイメージを押し付けられているような観さえありますね。

日本の長い歴史の中でも、とくに伝説的な人物となった家康が負わされているのは、「苦労人のキャラクター」です。その中でも〝脱糞〟というのは、最悪の苦労の象徴だともいえるのではないでしょうか。

かくして、家康にとって「三方ヶ原の戦い」の惨敗は、文字通り「運命的な敗北」となったのでした。

# 2章

# いつの時代も「恐怖」が世の中を動かす

## ——天災と、疫病と、怨霊と……

## 大惨事！黒船とともに「持ち込まれたもの」

嘉永《かえい》6（1853）年6月3日、現在の神奈川県の浦賀沖にやって来たアメリカ海軍の巨大な軍艦4隻の姿に、人々は大きな恐怖を感じたといわれています。

しかし、浦賀の人々は、すぐに黒船の〝カラクリ〟を見抜いてしまいました。黒船はやたらに大きな砲声を鳴らしているけれど、空砲ばかり。つまり、彼らには攻撃が許されていないのだ――。

この〝真実〟に気づいた人々は安堵《あんど》し、見たこともない大きさの鉄の塊《かたまり》が海に浮かんでいる様子を、逆に楽しむようになっていきました。江戸あたりから浦賀まで、物見遊山《ものみゆさん》気分で訪れる〝観光客〟も大勢いたほどです。

その艦隊を率いていたのは、**マシュー・ペリー提督《ていとく》**（正確には代将《だいしょう》）。彼は、日本人と日本文化に一定の敬意を抱いていました。かつて長崎にいたドイツ人医師シーボルトが日本国外に持ち出した日本地図（93ページ参照）をペリーは目にしたことがあり、日本人の測量技術の正確さに畏敬《いけい》の念を覚えたというのは有名な話です。

そんなペリーですが、日本に着いてから、わずか9日後の6月12日には日本を離れます。

来航日当初は、アメリカ大統領（フィルモア）からの手紙を、将軍に直に手渡すのだと息巻いていましたが、この時、12代将軍・徳川家慶《いえよし》が本当に重い病の床にあり、威嚇《いかく》にも効果がないとわかれば、離日するしか方策がなかったのです。

しかし、この「黒船の来航」は、後の日本の命運を大きく変えていくことになりました。

再びペリーが姿を見せたのは、翌年の嘉永7（1854）年1月14日のこと（16日説もあり）。これ以降、幕府はアメリカをはじめ、諸外国と向き合い、開国や通商開始に向けて煩瑣《はんさ》な交渉を続けざるをえなくなっていきます。

一方で、この二度目の日本来航を果たしたペリーは、それからしばらくして体調不良を訴え、海軍から離れることになりました。彼の退任式は、日本訪問時の主力艦の一隻だったミシシッピ号の艦上で行なわれたそうです。

そのミシシッピ号が、日本（長崎）に三度目に姿を現わしたのが、二度目の来航から4年後の安政《あんせい》5（1858）年5月21日。そして、この来航とともに、その後何十年にも及ぶ恐ろしい病魔との長い戦いが幕を開けたのでした。

## ●たった3カ月の間に、至るところに広がって……

その病魔の名は「**コレラ**」。

日本における、最初の全国的流行は19世紀はじめに起きてはいましたが、それでも多くの人にとって、この病気が目新しい、未知の病であったことは事実で、それゆえに犠牲者数が拡大してしまいました。

三度目の来航を果たしたミシシッピ号には、コレラ菌に感染した船員が乗っており、彼らと接触した長崎の人々の間に、大量の犠牲者を出しはじめたのです。

それまで元気だった人が突然、体調不良を訴え、激しい嘔吐《おうと》と米の研《と》ぎ汁のような薄い色の下痢を繰り返すうちに、全身の水分が奪われ、干からびたようになって、多

「黒船」でいったい何万人の日本人が命を失ったのか

くの生命が数日のうちに奪われていくのです。

幕府の要請で来日し、長崎で日本人に西洋医学を教えていた、オランダ人の軍医ポンペこと、ポンペ・ファン・メールデルフォールトは、弟子とともに必死の治療を試みますが、抗生物質が開発されていない当時、対症療法しかなかったので、感染者のうち48パーセントもの人が亡くなりました。

ミシシッピ号が長崎に来航した5月末から、8月までコレラの大流行は続き、長崎の総人口6万人のうち1583人が発症、767人が死亡する（酒井シヅ編『疫病の時代』）という大惨事となりました。

さらに恐ろしいのは、コレラの蔓延《まんえん》速度

です。ウイルス、もしくは細菌が宿主《しゅくしゅ》にしている人間が移動することで、病気も拡散していくことは事実ですが、この時代、伝染病の感染予防意識は、もちろん今日のようには高くはありませんでした。

船員から危険な伝染病のクラスターを出したにもかかわらず、ミシシッピ号は予定通り、日本各地を訪問していますし、日本人の長距離移動が制限された形跡もありません。

かくして、**九州北部（長崎）に端《たん》を発したコレラの流行は、四国、中国、関西へと爆発的に流行地域を広げ、ミシシッピ号の長崎訪問の約1カ月後には、江戸にまで到達してしまいました。**

当時、すでに100万人以上の人口を有する都市だった江戸では、海から近い赤坂、築地、芝海岸などを中心に流行し、一説に3万～4万人の死者が出たといいますが、感染者はその何倍もいたはずです。

また、江戸は関東の文化・交易の中心ですから、近隣地域にもまたたく間にコレラが蔓延し、現在の埼玉県越谷《こしがや》では、7月あたりから人々を悩ませたという記録が残っています。

江戸時代の越谷は、日光街道沿いの宿場町として知られ、人馬の往来は盛んでしたが、海はありません。つまり、ミシシッピ号が直接コレラ菌をばら撒《ま》いたのではなく、人から人へと感染が広がったのですが、長崎で発症が確認されてから、わずか1カ月で越谷まで広がるとは、その蔓延速度には驚くばかりです。

## ●供養塔に刻まれた庶民の苦悩

コレラ終息後、被害が甚大だった地域には供養塔が建てられました。その文面からは、当時の詳しい惨状をうかがい知ることができます。

あまりに多くの死者が一気に出ると、社会や経済活動に大きな支障が出ます。それに貧しい庶民は満足な葬儀を行なうことさえできません。ですから、生き残った人々にできるのは犠牲者の集合墓としての供養塔を、費用を出し合って石碑の形で建てることくらいだったのです。

有名なのは**越谷市大泊《おおどまり》に今も残る安国寺の供養塔（名号塔《みょうごうとう》）**で、その背面の文面からは、未知の病の大流行を前に、なす術もなかった人々の苦悩と諦念《ていねん》を見ることができます。

彼らはただ安国寺に集まり、仏前に寄進を行ない、昼夜を問わず仏に祈りを捧げました。

伝染病の蔓延時に大人数で集まる行為は、感染症対策としては確実に禁忌《きんき》のように思えますが、安国寺に集まった人は誰一人、コレラに感染することがなかったそうです……。

自分たちを生かしてくれた神仏への感謝、そして満足に弔《とむら》うことができなかった大勢の仲間たちを慰霊するべく、安国寺に石碑が建てられたのは、状況が落ち着いた安政6（1859）年10月のことでした。石碑には、こんな和歌も刻まれています。

**「みつせ川　わたりわづらふ　人しあらば　手火《たひ》をしとりて　しるべをばせん」**

「みつせ川」とは三途《さんず》の川のこと。意訳すれば、「三途の川をうまく渡れなくて困っているコレラ犠牲者の魂がいるのであれば、私たちの信仰があなたがたの旅路の灯《あか》りになるよう、祈り続けましょう（ですから、私たちをどうかお守りください）」ということになるでしょうか。

## ●感染拡大はどう止まったのか

コレラの恐怖に日本中が震撼《しんかん》していた安政5年ですが、気温が下がると感染状況も一度は落ち着きました。しかし、翌年春から再び感染者が増加し、関西では深刻な流行を見せ、東北や蝦夷地にかけて幅広く犠牲者を出すことになったのです。

外国船で外国人によってもたらされ、彼らの問題行動の結果、日本中で大流行させてしまったコレラの感染。**これを日本人が真の意味で食い止めるには、外国人の指導による生活全般、とりわけ飲料水の衛生管理の徹底などが必要でもありました。**

日本全土ではいったいどれくらいの犠牲者が出たのかは、見当もつかないのですが、私たちのご先祖様は、本当によく生き延びた……そう感嘆する他ありません。

# 天災か？ 人災か？「浅間山の大噴火」

現在の**長野県・群馬県の県境に位置する浅間山《あさまやま》**は、何万年も前から、旺盛《おうせい》な火山活動を繰り広げてきました。この山は、黒斑《くろふ》火山、仏岩《ほとけいわ》火山、前掛《まえかけ》火山という火山が三層に折り重なるようにしてできており、常にそのどれかが活動している状態で、災いの源となっていたのです（現在も前掛火山が活動しています）。

天明《てんめい》3（1783）年、浅間山（前掛火山）は歴史的な大噴火の兆候を示していました。4月から小規模な噴火活動が起きはじめ、どうかこのまま収まってくれと願う人々の祈りも虚《むな》しく、5月26日に噴火が、6月18日には大噴火が起きました。

6月28日以降は連日の大噴火でしたが、**農民の移動の自由が幕府の法で制限されていた当時**、そして**当地には貧しい人々が多かった**こともあり、彼らは現在のように避難することもできないまま、運命の7月を迎えてしまいます。

## ●一瞬で飲み込まれてしまった村々

7月6日の夜、「吾妻火砕流《あがつまかさいりゅう》」と呼ばれる、超高熱の溶岩流が山腹から発生し、浅間山の北東方向の原生林を灰にしていきました。

また8日には、「鎌原火砕流《かんばら》」が発生。浅間山の北側斜面から時速100キロメートルを超す速度で流れ出し、一瞬にして近辺の村々を土砂の底に埋め尽くしました。土石流は吾妻川に入ると、大量の土砂ゆえに川の流れは決壊、利根川に至るまで下流域は大きな水害に見舞われました。

その直後、今度は溶岩流が大量に発生し、浅間山の北側を焼き尽くしながらジワジワと進んでいったのです。それらが冷え固まったのが、現在**「鬼押出《おにおしだ》しの溶岩群」**と呼ばれているものですが、噴火当時はそれらのすべてが真っ赤に焼けただれた溶岩だったのですから、想像するだけでも恐ろしい光景が広がっていたことでしょう。

しかも、これらの噴火では立ち昇った黒煙の中で、雷鳴が激しく鳴り響き、白い獣《けもの》の毛のようなものが空から降ってくることもありました。人々は、これらを浅間山に棲《す》む**「雷獣《らいじゅう》」（=雷に属する妖怪）**が噴火を避けるため、雷に乗って飛び去った時の落とし物だと噂《うわさ》しました。

実際はマグマが飛び散った際、急速に冷やされ、白い繊維状になったものでしたが、当時の人々にはわかりません。〝あること、ないこと〟に恐怖するばかりだったのです。

「さらなる大噴火があるのではないか」という危惧が広がる中で、浅間山から50キロメートルほど離れた上沢渡村《かみさわたり》（現在の群馬県吾妻郡中之条町）では、7月なのに正月行事を行なって厄除《やくよ》けをした記録があります。大噴火という忌《い》まわしい現象を、旧年中の出来事にして、現在から切り離そうという発想でした。

しかし、「来年（=天明4年）の4月でこの世は終わる」と告げる予言が出るなど、実に怪しい情報が飛び交い、多くの人々は悩み苦しみ続けねばなりませんでした。

この7月初頭の大噴火によって、浅間山周辺の村落にはいずれも甚大《じんだい》な被害がありました。中でも**浅間山の北側、標高900メートルに位置する鎌原村は、93軒あった**

大噴火で実際に何が降ってきたのか
（「浅間山天明大噴火 夜分大焼之図」〈美齊津洋夫氏所蔵〉）

**村民の家屋のすべてが一瞬にして土石流の下に埋まってしまう**という大惨事に見舞われたのです。

総人口597人のうち、出稼ぎに出ている38人を除いて、生き残ったのはわずか93人。この日、異変を察知した住民たちの一部は、山の上にあった鎌原観音堂に集まり、土石流の難を逃れることができました。

## ●最初に手を差し伸べたのは

土砂に埋め尽くされてしまった村の情景は、生存者たちの目にはこの世の地獄にしか見えなかったでしょう。食べ物すらないのです。寒冷の高地ゆえに夏の一毛作に限られている畑の95パーセント余りが一瞬にして壊滅するありさまでした。

しかも江戸時代の幕府の法は、自助を重視――すなわち、自分のことは自分たちでなんとかするのが掟《おきて》ですので、このような自然災害の犠牲になったところで、現在のように行政からの支援が即座に、手厚く受けられるとは限らないのです。すべては「御上《おかみ》」、身分の高いお武家様の裁量次第ということでした。

被害の大きかった鎌原村は幕府の直轄領でしたが、**最初に動き出したのは、近隣の富農たちで、犠牲者たちを自宅に匿って養い、生存者捜索も行なっています。**ようやく幕府が動きを見せはじめたのは、大噴火から1カ月後の8月のことで、食糧代として「7両3歩（＝現在の貨幣価値で35万円ほど）」が村に下賜《かし》されました。翌9月には救援活動にあたる御救普請《おすくいぶしん》が本格的に開始されています。何十メートルもの厚さの土石流に埋もれた田畑の再開発と、道路の再建が目的です。しかし、幕府は村民に復興を命令するだけで、それに従ったところで、どれほど具体的な金銭的援助をしてくれるかは、その時点でよくわかりませんでした。

困窮《こんきゅう》する被災者たちに手を差し伸べたのも、役人ではなく、近隣の富農たちです。

**公共事業として、畑や家屋の復興に取り掛かった黒岩長左衛門《くろいわちょうざえもん》という富農は、困窮している被災者たちも雇用しました。**すると、幕府が850両（＝4250万円）あまりもの必要経費を肩代わりしてくれることになり、住民たちは、なんとかその年の冬を生き延びることができたといいます。

とくに鎌原村の93人の生存者たちは、いずれも田畑、家屋、家族を一瞬で失い、悲嘆のあまり狂気の影さえ漂わせていましたが、**干川小兵衛《ほしかわこへえ》という富農の発案で、無事だった土地を均等に分け合い、生存者の間で夫婦・養子の縁組が行なわれていきました。**擬似的な血縁関係にすぎないわけですが、まずは家族を再建させることで、最低限の生活の基盤を作ろうとしたのです。

小さな村ですから、顔馴染《なじ》みだったにせよ、近所の他人と突然、本当の家族になってくれといわれても、躊躇《ちゅうちょ》する気持ちはあったでしょう。しかし、災難と絶望を乗り越えるためにはそれも致し方なかったのだと考えられます。

絶望が「死に至る病」であることは、洋の東西同じですから、苦難を自分独りで抱えるのではなく、誰かと分かち合うことの意味が、江戸時代の鎌原村で考えられていたのは興味深いことです。この後も、鎌原村の復興計画は延々と続きましたが、なんと数十年後になってもなお、噴火以前の水準には戻らないままでした。

## ●人々が〝天罰だ〟と感じた理由

火山噴火の被害に苦しんだのは、浅間山周辺の住民たちだけではありません。より広い地域で異常は見られました。

噴火で空高く吹き上げられた火山灰が陽光を遮《さえぎ》り、また、降灰により作物の生育を妨《さまた》げたからです。**遠く離れているはずの武蔵《むさし》（現在の埼玉県）でも、凶作が噴火の2年後まで報告されました。**

江戸の街では、この噴火がきっかけとなり、それまでは飛ぶ鳥を落とす勢いだった老中《ろうじゅう》の田沼意次《たぬまおきつぐ》が失脚に追い込まれています。放漫財政で、享楽的な文化が栄えた田沼時代の空気に浮かれきった人々への天罰が、浅間山の噴火だったという世論が生まれたことと、幕閣《ばっかく》からの田沼の追放は無縁とはいえません。

災害と人心の乱れは、いつでも背中合わせのようですね。

# 大坂城の堀に現われた「未確認生物」

慶応2（1866）年、幕末の大坂の水辺に奇怪な生物が現われました。**「背筋が黒くて苔《こけ》が生え、鏡のような（＝ギラギラと輝く）眼、鼬《いたち》のような形で足は亀のよう」**、**大きさは「5尺7寸（約2・3メートル）、重さは20貫目（約75キログラム）」**。当時の錦絵によると、その姿は小さなゴジラといった感じですが、**「豊年魚《ほうねんうお》」**と呼ばれる、おめでたい生物だったということになっています。

豊年魚が出現したのは、6月9日のことでした。しかし、実は「六月上旬此淀川辺《よどがわ》で（豊年魚は）取れしと号《ごう》せしが、実は御城ほりニて死して浮上《うきあが》りしなど云《いえ》り」（『近来年代記』）、つまり、豊年魚の死骸が浮かんだというのが正しい情報だと伝えている史料もあるのです。

## ●人の顔をした魚

この書物によると、豊年魚の死骸はこんな不気味な姿をしていました。

「此形《このかたち》さんしょ魚ニ似て、頭人面之如し、せ（＝背）ハうろこ有て、手足亀のごとし。惣体《そうたい》鉄色ニして、大サ《おおき》三尺（＝約90センチメートル）計《ばか》り」。

人の顔を思わせる頭部を持つ、サンショウウオに似た生物の死体……想像しただけでも、気味が悪いです。

しかし、興味深いのが**「（実物を）見た人一向なし、うはさ也《なり》」**の一文。つまり、「自分が知る限り、誰も実物を見ていないから、ただの噂だよ」と言っているのですが、大坂城のお堀に異様な生き物の死体が浮かんだというニュースは、大坂中の騒ぎになっていたため、本当にただの噂だったのかという疑問は、当然あります。

実際、その姿を描いた絵を含む史料も複数現存しています。ただ奇怪なのは、すべての絵で見られる特徴がかなり異なっていることです。

江戸時代は「怪異の時代」ともいえるほど、奇妙な生物の目撃例の記録があるので

ゴジラのような巨大魚の死骸が
浮かんでいたというが……

すが、たった一度の出現で複数の人々による記録が多く残されている例は、珍しいと思われます。

何かの死体が浮かんだのは事実だったのでしょう。その正体を知る術は、もはやありませんが……。

## ●死が「見えてしまった」ことの意味

何かよいことの訪れを告げるという吉祥《きっしょう》魚《うお》ですが、この時、見つかったのが死体だったことは凶兆だったのかもしれません。

慶応2（1866）年6月前後の大坂は、社会不安の中で騒然としていました。幕府に反抗的な態度を取り続ける長州藩《ちょうしゅう》を、徳川将軍率いる大軍が今度こそ攻め滅ぼそうとした「第二次長州征伐」の時期にあたっていただけではありません。

当時の大坂城には、江戸からやって来た14代将軍・徳川家茂《いえもち》が滞在していたのですが、彼は脚気《かっけ》に伴う体調悪化が原因で、7月20日に亡くなっているのです。21歳という若さでした。

例によって、**幕府は徹底して秘密主義を貫きましたが、大坂の人々の間に、徳川の世が崩壊しかけている雰囲気が伝わっていたことは間違いない**でしょう。実際、家茂将軍の突然の死によって第二次長州征伐は最悪の終わり方をしました。

若き将軍の病死が象徴する弱体化した幕府や、その崩壊の予感に怯《おび》える当時の人々の不安が頂点に達し、それが大坂城のお堀に浮かんだ吉祥魚の死体というイメージとなって具現化した。つまり、奇妙な生物の死体が大坂の人々に〝見えてしまった〟のは、集団ヒステリーの産物だったと考えるべきなのかもしれません。

# 江戸史上最恐の祟り神――「佐倉惣五郎」

日本には、**「祟《たた》り神」**という概念があります。理由が想像できないような異常事態や怪異現象が起きると、人々はそれを「何か」の呪《のろ》いや祟りということにして、祭祀《さいし》によって再発を防ごうとしてきたのです。

手厚くお祀《まつ》りすることで、異常事態を止められるだけでなく、その祟ってきていた「何か」から、今度は加護してもらえることさえできると考えるのが、「祟り神」の特徴だといえるでしょう。これを御霊《ごりょう》（信仰）とも呼びます。

古くは平安時代、藤原摂関家《せっかんけ》に失脚させられ、都から遠い九州は太宰府《だざいふ》の地で悶死《もんし》した菅原道真《すがわらのみちざね》の怨霊《おんりょう》が雷神となって宮中で祟りをなしたので、人々が手厚く祀ると、今度は藤原摂関家の守り神（いわゆる天神様のこと）に転じたという現象があります。

**菅原道真を筆頭に、関東の地で非業《ひごう》の死を遂げた平将門《たいらのまさかど》、流刑《るけい》先で憤死した崇徳院《すとくいん》**

を**「日本三大怨霊」と呼ぶ**こともありますが、明治以前、人間が神になって祀られるケースの大半は、「祟り神」であることは興味深いことです。「東照大権現《とうしょうだいごんげん》」となった徳川家康は数少ない例外です。

そして、江戸時代にも強力な「祟り神」が、下総《しもうさ》(現在の千葉県北部)の地に生まれていることはご存じでしょうか。神となった男の名は、**佐倉惣五郎《さくらそうごろう》**(本名は一説に木内《きうち》惣五郎)です。

## ●藩主のご乱心とある男の「呪い」

承応《じょうおう》元(1652)年からその翌年にかけ、日本全国を飢饉《ききん》が襲いました。それにもかかわらず、領民に重税を課し続けた佐倉藩主・堀田正信《ほったまさのぶ》を相手に一揆《いっき》を起こし、あるいは畏《おそ》れ多くも将軍に直訴《じきそ》状を突き付け、正信の非を幕府に認めさせることに成功した「義民《ぎみん》」(=民衆のために一身を捧げた人)が佐倉惣五郎だったとされています。

しかし江戸時代の日本では、農民が支配者階級たる武士に一揆や直訴という手段で訴えることは重罪にあたり、惣五郎本人と、彼の事件に連座させられた4人の子供や妻は磔《はりつけ》の刑で殺されてしまいました。

堀田正信を恨みながら死んでいった惣五郎の呪いは凄まじく、妊娠中の堀田の妻は不審死、堀田本人も狂気に陥り、幕府を正面批判する手紙を送り付けた結果、佐倉藩主の任を解かれて他藩への預かりとなりました。堀田には弟がいましたが、彼も佐倉藩主を継ぐことは許されず、閉門処分を受けています。

しかし堀田本人は一向に反省するそぶりを見せず、蟄居《ちっきょ》中もふらふらと気ままに過ごし、ほとんど交流もなかった4代将軍・家綱《いえつな》が亡くなった際に、殉死《じゅんし》のつもりか、ハサミで首をかき切るという異常な死に様《ざま》を見せたのです。これらの一連の不可解な出来事を、人々は「惣五郎の呪い」だと考えました。

――以上が、世に知られた佐倉惣五郎の呪い事件の顚末《てんまつ》ですが、「惣五郎一揆」の実際を伝える史料は、堀田家にはなく、もちろん惣五郎の子孫のもとにも伝わっていません。また、妊娠中の堀田の妻が不審死したという事実もなく、かなりの部分が後世の創作ではないかと考えられているのです。つまり、多くが「怪しい話」なのです。

ただ、**乱心した堀田がハサミで自分の首の血管を切って自害したという、おどろおどろしい部分や、彼の奇行によって一族が罰せられ、佐倉藩主の座を追われたという異常な部分は本当にあった話**なのです。

## ●自らハサミで首の血管を切り裂き……

堀田正信は、非常に問題行動が多い人物でした。彼の亡き父・正盛《まさもり》は3代将軍・家光の男色の恋人の一人と目《もく》され、それによってあまり高くはない身分から、10万石の大名に成り上がった特異な存在です。

家光の死に父が殉じてしまったので、その跡を継ぐことになった正信は、まだ20代の若者でしたし、幕府の上層部から厚遇される機会は少なかったものの、おとなしくしていれば下総10万石の殿様として、それなりの人生を送れたはずなのです。

しかし、堀田は何を思ったのか、**「幕府の政治がダメなので農民も武士も苦しんでいる。自分の領地を返上したい」**という手紙を幕府中枢部に送り付けてしまいました。

時の老中・松平信綱《のぶつな》は、それを「狂気の作法」（＝理性ある者の所業《しょぎょう》ではない）と評し、佐倉藩主としての堀田の所領は（ある意味、彼の望み通り）すべて幕府に没収され、藩主の地位も奪われるという重い処分が下ってしまったのでした。それが万治《まんじ》3（1660）年のこと。

以降、地方の縁者の監視のもとに置かれた堀田の蟄居生活は約20年も続き、最終的には先述のとおり、4代将軍・家綱の死の直後、ハサミで首の血管を切り裂き、出血多量で死亡しているところを発見されるという、〝呪われた〟生涯を閉じたのです。

現代の私たちの目には、堀田が心の病をわずらっていたであろうことはわかりますが、江戸時代の人々にとっては、彼のあまりに異常な行動の原因を説明するのに、惣五郎からの「呪い」や「祟り」という現象で説明せざるをえなかったのでしょう。

注目すべきは、堀田家に信州への改易処分などの重い処分が下った後、松平乗久《のりひさ》が佐倉藩主として赴任してくると、幕府は何を考えたのか、**佐倉藩の領民たちに「二分」——つまり、2パーセントだけ年貢を下げてみせた**のです。

現代風に考えれば、堀田正信の乱心と改易騒ぎで世間を騒がせたことへのお詫《わ》びのつもりだったのではないかと思いますが、例によって幕府による理由説明はなされていません。

この出来事を現在でたとえると、消費税が突然2パーセント下がったというくらいのインパクトはあったのでしょう。そこで理由を知りたがった庶民が実在の人物をベースに作り出したのが、「佐倉惣五郎」という都市伝説だったのではないでしょうか。

## ●「悲劇の主人公」ができ上がるまで

江戸時代の農民は、年貢《ねんぐ》という形で納税を行ないます。堀田正信時代の佐倉藩の年貢は他藩などと比べて、実はとくに重かったというわけではないという調査結果（児《こ》玉幸多《だまこうた》『佐倉惣五郎』）は見過ごせません。

しかし農民が「年貢が下がったのは、所領没収された前のお殿様（＝堀田正信）が、重税を課していたからではないか……」と考えることは自由ですし、そこからさらに「重税を課された農民がお殿様に対して一揆を起こしたのでは」とか、「彼はお殿様の悪さを、公方様（＝将軍）に直訴したのだ」などと想像はますます膨らみ、最終的に民衆の想像力は「佐倉惣五郎」という、領主の誤りを正そうとして処刑されてしまった悲劇の主人公を作り出すに至ったのだと推測できるのです。

また、「堀田正信が惣五郎に呪われていた」という噂の出どころは、堀田が何を思ったのか不明ながら、（惣五郎が亡くなった翌年にあたる）承応３（１６５４）年、**佐倉藩内にある将門山《まさかどやま》に石の鳥居を建てており、この事実の解釈が、〝独り歩き〟してしまった**結果のようです。先述のとおり、平将門は日本の「祟り神」の代表格ですから、これ以降、惣五郎も「祟り神」の文脈で語られるようになったのでしょう。

## ●「佐倉惣五郎」とはいったい何者だったのか

このような話を聞けば、佐倉藩領内の公津台方村《こうづだいかた》（現在の千葉県成田市）に実在し、当時の戸籍の一種の地押帳《じおしちょう》や名寄帳《なよせちょう》にその名を残す富農の惣五郎が、本当はどんな人物であったのかを知りたくなってしまいます。

しかし、残念ながら歴史上の彼が、藩や幕府など〝御上〟に楯突《たてつ》いたという記録は「存在しない」し、それ以外、実は何もわからないのです。

それなのに、佐倉惣五郎の名前にかこつけ、彼の伝説が本格的に語られはじめるようになるのは、延享《えんきょう》3（1746）年、**堀田正信の弟・正俊《まさとし》の子孫にあたる堀田正亮《まさすけ》が、国替えによって佐倉藩主になった時から**でした。

堀田家が下総に領主として戻るのは、例の正信が改易された時から数えて86年後のことです。彼らにとって佐倉は因縁の土地ですから、神経質になるのも無理はないにせよ、この時の正亮は佐倉惣五郎を神として祀るための「口《くち》の明神《みょうじん》」を遷宮《せんぐう》して、惣五郎の百回忌を目前に、その霊に「涼風道閑居士《りょうふうどうかんこじ》」という戒名まで与えるという大盤振る舞いをしているのが注目されます。

乱心した堀田正信と血縁のある正亮が、本来であれば具体的な証拠もない、あくまで都市伝説的な存在にすぎない惣五郎と彼の呪いを「真実」だと認め、「惣五郎を神として崇めることにするので、堀田家を祟るのは、もうおやめください」と懇願したに等しい態度を見せたのですね。**藩主という権威が、民衆の噂に屈した瞬間**でした。

武士や公家、皇族といった貴顕《きけん》の生まれではない、一介の農民出身者が「神」にまで祭り上げられた例は、惣五郎が日本史上初だと考えられます。

そして、堀田家の惣五郎崇拝は年を経るごとに高まり、寛政《かんせい》3（1791）年には

**惣五郎に「徳満院《とくまんいん》」という立派な院号が追贈《ついぞう》**されていますし、文化3（1806）年には、**惣五郎の子孫に毎年5石が支給される**ことになりました。現代の貨幣価値で約5万円程度ですが、当時の給与水準では、下級藩士の年収程度、もしくは女中二人を1年雇ってお釣りがくる額で、通常の農業収入に対するボーナスにはなりえました。先祖にまつわる都市伝説のおかげで、子孫がこれだけ稼げれば上々でしょう。

また、堀田家は、惣五郎を神として祀ることを民衆にも許可していたので、惣五郎を祭神とする神社、祠《ほこら》の類は下総だけでなく、長野や新潟にも見られるようになりました。

19世紀はじめにあたる文化年間には、佐倉惣五郎の墓には各地からの参拝者も増え、墓掃除の専門スタッフまで置かれるようになっています。「宗吾《そうご》二百年祭」（宗吾は、堀田正亮が惣五郎に贈った諡《おくりな》）が執《と》り行なわれた嘉永5（1852）年には供養堂が建てられ、これが現在見られる「宗吾霊堂」の原型となったようです。

呪いや祟りはもちろん、信仰とは、通常の理性や論理を超越した世界のものなのだと痛感せずにはいられません。

# 3章

# 欲望がうずまく「歴史の深い闇」

## ——史実には「きれいごと」ばかりが残される

# 幕府の目を欺き続けた、日本近代医学の父「シーボルト」

**ドイツ人医師のフィリップ・フランツ・フォン・シーボルト**が、長崎の出島《でじま》にやって来たのは、文政《ぶんせい》6（1823）年のことでした。

江戸幕府の法により、日本人が交流を持てる西洋人はオランダ人だけというお約束は当時も健在で、シーボルトも本国への強制送還を免《まぬが》れるためには、即席のオランダ語を操り、練達《れんたつ》の日本人通詞《つうじ》（＝通訳）たちの目と耳を欺《あざむ》かねばなりませんでした。

シーボルトの仕事は、オランダ商館付の医師です。しかし、彼のオランダ語が何かおかしいことは通詞たちに早々にバレてしまい、焦ったシーボルトは**「私は地方出身のオランダ人なので訛《なまり》がある」**と強弁して、難を逃れた逸話は有名です。

もともとシーボルトは異国の珍しい動植物に強い関心を持っており、日本に来る前はオランダ領東インド（現在のインドネシア）でコレラの治療を行なったり、当地の自然を研究したりしていましたが、鎖国中の神秘的な日本という国への関心が抑えきれず、来日を決めたのでした。

## ●なぜ、ここまで通詞たちの心をつかんだのか

長崎滞在中のシーボルトは100人以上の日本人に西洋医学の知識を教え、無料で診察を行ないました。長崎の通称「鳴滝塾《なるたきじゅく》」の門弟で医師の高野長英《たかのちょうえい》によると、当時の名称「**シーボルト阿蘭陀塾《オランダじゅく》**」**では医学だけでなく、さまざまな西洋の知識が塾生たちに授けられた**といいます。

シーボルト本人は日本語がほとんどわからないので、彼の旺盛な活動を支えたのは通詞たちでした。すでに彼らは、シーボルトがオランダ人ではないと気づいていたでしょうが、本音とタテマエを使い分ける日本人らしく、知らぬふりをしていたと考えられます。日本人通詞たちの目には、シーボルトは日本の医学の進歩に貢献してくれている、余人には代えがたい貴重な存在だと映っていたに違いありません。

眼科や婦人科、そして外科手術に秀《ひい》でているだけでなく、植物学、物理学、地理学

などにも精通し、日本人に惜しみなく知識を授けてくれるシーボルト。しかし、彼は自分の〝価値〟と引き換えに、要求をエスカレートさせ続けました。ただ、それがイヤミに感じられないほど、彼は人懐っこい性格をしていたのだと思われます。

それゆえに本来、厳禁とされていた要求をされても、大目に見てしまう……そんなことが、日本語を解さないシーボルトの手足となって支えていた、腹心の通詞たちの間で「当たり前」になってしまったのが、後の大きな悲劇につながりました。

## ●「持ち出し厳禁」の品物が次々と……

文政11（1828）年9月、オランダ商館付の医師の任期が切れたシーボルトは帰国することになりましたが、彼の荷物の中に、**国外への持ち出し厳禁の品が数多く含まれていることが発覚**してしまい、大問題となりました。

シーボルトは確信犯です。**「私は（江戸城）城番の家来を買収して将軍の御殿のよい見取り図を手に入れることに成功した」**と書き残していることからもわかるように、本来であれば、日本人同士でも、うかつに譲渡すれば問題になるような品物のやり取りを普通に行なっていたのです。これは、彼が自分に好意的な日本人を本能的な洞察力で見出し、愛想よく迫って協力を求めたことの証でしょう。

こうして、シーボルトが獲得し、日本から持ち出そうとしていた「禁制品」の中には、**幕府の奥医師・土生玄碩《はぶげんせき》が将軍から拝領した葵《あおい》の紋服《もんぷく》**も含まれていました。これを知った幕府の役人たちは激怒しました。

とりわけ問題になったのは、文政4（1821）年、伊能忠敬《いのうただたか》の手で完成され、幕府に提出された後は、一般にはとくに公開されないままになっていた『**大日本沿海輿地全図《だいにほんえんかいよちぜんず》』などの正確な地図の写し**が荷物に含まれていたことです。

なぜ、シーボルトがこれらの品物を持っていたのか、それが判明したのは、ある男の存在があったからです。

一時は、シーボルトの乗った船が座礁《ざしょう》したことで発見されたとする説もありましたが、最近の研究では、シーボルトが「蝦夷地の精密な地図を譲ってくれないか」などと気軽に働きかけた中に、**北方探検家として知られる間宮林蔵《まみやりんぞう》がいた**ことがわかっています。彼は、他の日本人のようにはシーボルトになびく男ではなかったようです。

この間宮の密告を受けた幕府は、シーボルトの身辺調査を厳格化したとされます。間宮がイジワルなのではありません。もし、近代的測量技術で作られた、正確な日本地図を国外に持ち出されれば、日本の姿が欧米社会に筒抜けになってしまい、鎖国の意義がなくなる。さらに外国の侵略を防ぐことができなくなる、という危機意識ゆえの決断でした。

鎖国していながらも、当時のイギリスやフランスなどで芽生えはじめた**「地図は国家なり」**という、最新の認識を幕府が共有しているのは興味深いことですが……。

こうして、シーボルトはこれらの品を持ち出そうと企《くわだ》てたことによって、国禁を犯した罪に問われ、尋問を受けることになりました。

しかし、**意外にもシーボルト本人に下ったのは約1年の（長崎・出島での）自宅監禁の罰だけ**。その後は、日本には永久に入国禁止とされたものの、帰国も許されています。シーボルトは、オランダやドイツが派遣したスパイだったという説もありますが、このように詰めの甘い男がスパイだったとは考えにくいでしょう。

しかし、シーボルトは幕府に押収された地図の写し以外にも、別の写しを隠し持って出国したので、結局、欧米社会に日本の正確な地理情報は筒抜けとなってしまいました。

## ●とばっちりで裁かれた気の毒な日本人たち

「国禁」を犯したシーボルトがわずか1年で蟄居謹慎を解かれ、帰国も許された一方で、**シーボルトの代わりにツケを支払わされる形でさまざまな処罰を受けた日本人は、約60人にものぼりました。**

日本地図をシーボルトに渡したとされる「書物奉行《しょもつぶぎょう》兼天文方《てんもんかた》筆頭」の高橋《たかはし》（作左衛《さくざえ》門《もん》）景保《かげやす》はなんと死罪、次男の作次郎《さくじろう》は「遠島《えんとう》（＝島流し）」の重罪です。そして、高橋の家来の岡田東輔《おかだとうすけ》は自殺。シーボルトに自分が拝領した葵の紋服を譲った奥医師・土生玄碩は、「改易」つまり解雇されています（後に復職）。

約20人という多数の通詞たちも重い罪に問われ、将来を悲観して自殺する者も出ました。とくにシーボルトが頼りにしていた3人の通詞たちは、長崎からわざわざ江戸まで連行されたうえで、現在の刑法では無期懲役に相当する「生涯取り籠《こ》め置き」の刑を宣告されてしまったのです。彼らは、何のゆかりもない大名家の監督下に置かれ、死ぬまでそこで罪人として過ごすことになりました。

大《だい》通詞の馬場為八朗《ばばためはちろう》、小《こ》通詞助の吉雄忠次郎《よしおちゅうじろう》、小通詞末席の稲部市五郎《いなべいちごろう》、とくにこの3人が、甘い処分で済んだシーボルトの罪を実質的に肩代わりさせられることになったのです。

シーボルトは、日本人に貴重な近代医学の知識を授けて去っていきましたが、その〝禁断の知恵の果実〟と引き換えに、日本は侵略の危機に晒《さら》されることになり、多くの日本人たちが恐ろしい目に遭うことになったのです。その意味で、シーボルトは「疫病神《やくびょうがみ》」でもあったといえるでしょう。

## ●恐ろしいほど「欲望」に忠実だった男

安政5（1858）年に「日蘭《にちらん》修好通商条約」が結ばれ、シーボルトの日本追放令が解かれると、彼は「オランダ貿易会社」の顧問として、早くもその翌年に、何食わぬ顔で再来日を果たしています。

かつての自分の迂闊《うかつ》な行動の結果、関係者に死罪も含む厳しい罰が下ったことを知っていたのでしょうか。文久《ぶんきゅう》2（1862）年、**シーボルトは二度目の日本出国の際、今度は何の憚《はばか》りもなく、大量の日本関係のコレクションの持ち出しに成功**、嬉々として帰国の途につきました。

断言しておくと、シーボルトは純粋に日本が好きで、日本の文物を集めたというわけではなさそうです。というのも、オランダに戻ったシーボルトは、オランダ政府に日本コレクションの買い取りを持ちかけたものの、あまりに高額だったため交渉は決裂。その後、バイエルン国王にも同様にコレクション売却を高額で持ちかけ、断られたことがわかっていますから。主には投資目的だったようですね。

自分の欲求にひたすら忠実で貪欲《どんよく》な彼の姿には、恐ろしさを感じずにはいられません。

## 「大黒屋光太夫」——奇跡の生還を果たした人物の真実

鎖国していた江戸時代の日本では、オランダ以外の西洋諸国との交流が禁止されていました。しかし、外国人と自由に交流し、外国文化に接する方法が一つだけありました。それは**「漂流」**です。

アメリカ船に助けられたジョゼフ・ヒコ（浜田彦蔵《はまだひこぞう》）や、ジョン万次郎《まんじろう》（中浜《なかはま》万次郎）などが有名ですが、ロシア帝国にたどり着く日本人も案外多かったようですね。しかし、彼らの名前が日本で知られていないのは、**ロシア側が彼らを帰国させなかったから**でしょう。それには、ロシア人の〝思惑〟がありました。

3代将軍・徳川家光の治世に日本の鎖国が始まっても、ロシアは虎視《こし》眈々《たんたん》と日本との交易を狙っていました。当時の日本で「鉱山から金銀が多く産出している」という情報を得たロシア皇帝のピョートル1世（ピョートル大帝）は、いざという時、日本と折衝《せっしょう》できるように通訳を育成することにしたのです。

こうして帝都・サンクトペテルブルクに日本語学校が作られたのですが、ロシアにたどり着いた日本人漂流民は**「日本語教師」としてそこで生涯徴用**され、帰国を許されませんでした。

元禄《げんろく》9（1696）年、カムチャッカ半島に漂着した「デンベイ（伝兵衛）」は、日本では一介の船頭《せんどう》でしたが、ロシアでは厚遇を受け、日本語学校の教師として生涯を過ごすことになりました。

また、宝永《ほうえい》7（1710）年には「サニマ（三右衛門）」と呼ばれる日本人がやはりカムチャッカに漂着、後にサンクトペテルブルクに送られ、デンベイの助手を務めたようです。

皇帝が代わっても、日本人漂着民は日本語学校の教師にして帰国させない、という方針は貫かれましたし、江戸幕府の法でも、「日本船の海外渡航と日本人の帰国は死罪」でしたからね。デンベイもサニマも、日本に帰りたいとは言い出せなかったのかもしれません。

そんな中、ロシア帝国が迎えることになった5組目の漂流民が、**「大黒屋《だいこくや》光太夫《こうだゆう》」**でした。

天明2（1782）年12月13日、伊勢の白子《しろこ》港（現在の三重県鈴鹿市）から大黒屋光太夫ら17人が乗った神昌丸《しんしょうまる》が出航し、江戸を目指すことになりました。当時32歳の光太夫は、廻船問屋《かいせんどいや》「大黒屋」の雇われ船頭頭《がしら》、つまり雇われ船長です。

光太夫は羽織袴姿《はおりはかますがた》で、腰には一本差しの刀がぶらさがっていました。大黒屋は「御用商人」ゆえに、帯刀《たいとう》が許されたのです。

当時、日本の成人男性の平均身長は160センチメートルなかったのですが、**「5尺5寸（＝167・5センチメートル）」の高い上背、色白で切れ長の瞳と美しく整った鼻筋の光太夫は、思ったことを難なく言葉にできる高い言語能力の持ち主**でした。それがまさかロシア語の習得に役立つとは、彼自身、想像もしなかったでしょうが……。

また、神昌丸には紀州藩の蔵米《くらまい》250石（＝600俵）を筆頭に、大垣《おおがき》藩主がプライベートで購入した贅沢《ぜいたく》な雛《ひな》人形一式、さらに多数の金銀や、ヨーロッパにおいて高値で取り引きされていた日本製の磁器などが積み込まれていたのです。

しかし……出航直後から冬の嵐に巻き込まれた神昌丸は、実にその後、8カ月も海上を漂流し続けることになりました。

## ●漂流の末にたどり着いた場所は？

漂流しても、運よく紀州藩の蔵米250石あまりが船に載せられていたおかげもあり、食糧には困りませんでした。当時は、まだビタミンなどの概念はありませんが、いわゆる玄米だったので、壊血病や脚気の発症も抑えられたのでしょう。

しかし6月、ついに薪《まき》が底を尽き、米を炊くことができなくなりました。生米など食べられたものではなく、壊血病の船員たちが続出しはじめます。

ところが、最初の死者を出してから5日後の天明3（1783）年7月20日の朝、船員の悲嘆は一転、歓喜に変わります。ついに、陸地が見えたのです！　そこは**アリューシャン列島の「アムチトカ島」**でした。

一行は島の先住民の〝アレウト〟と呼ばれる人々に助けられ、彼らの紹介で、アムチトカ島も含まれるアリューシャン列島を中継してアラスカを目指す、ロシア人商人たちとも出会うのでした。光太夫にとっては、広大なロシアの東端から西端までを横断する長い旅のはじまりです。

ある時、光太夫が神昌丸の積荷の中の多くの金銀や豪華な雛人形を整備点検している光景を、ロシア商人たちが目撃したそうです。すると、**彼らはそれら豪華な品物が「光太夫の私物」だと誤解してしまった**のでした。

とたんにロシア人たちの光太夫への態度が変わりはじめました（肌の色ではなく、生まれた身分での差別が存在するのが18世紀の欧米の〝普通〟なのです）。

また、欧米社会で「船長」は尊敬される上流階級の仕事でした。当時の日本で「船頭」は庶民の仕事に他ならないのですが、光太夫を富豪の船長閣下だと誤解してしまったロシア人から丁重な〝おもてなし〟を受けるようになり、その時に彼はパンや牛乳、そしてチーズなどの味も知ります。

日本では、上流階級しか口にすることがなかった牛乳は、「至ってむまし」（＝すごく美味）と感じましたし、彼の言葉では「小麦の団子」ことパンも「美味」でした。

しかし、チーズだけは口に合わなかったようですね。

## ●「エカテリーナ2世に哀願するしかない」

カムチャッカに赴任《ふにん》していた貴族出身の将校・オルレアンコフ少佐と知り合った光太夫は、帰国するにはロシア女帝・エカテリーナ2世に哀願《あいがん》するしかないと決意します。

少佐のアドバイスを得たおかげで、光太夫一行はマイナス40度を下回る極寒のシベリア雪原を、防寒対策も不十分なまま、馬《ば》ソリで横断し、まさに〝白い地獄〟を経験することになりました。日本人とロシア人、お互いの冬の寒さに対する常識がかけ離れていたから起きた悲劇だったといえるでしょう。

足を失うほどの凍傷となった仲間もいる中、光太夫一行6人はシベリア雪原の横断を完了、寛政元(1789)年2月9日、イルクーツクという町に、ほうほうの体《てい》でたどり着くことができました。

その後も病による脱落者や死亡によって、日本人の仲間は減っていく一方でした。

しかし、キリール・グスターヴィチ・ラクスマンという、サンクトペテルブルク科学アカデミー会員の博物学者で、エカテリーナ2世とも親交のある名士にめぐり逢う幸運に恵まれ、光太夫はロシア人の親友を得ることになったのです。

寛政3(1791)年4月26日、光太夫はラクスマンが用意してくれた薄い灰色のフランス製の宮廷服を着用のうえ、夏の離宮で**エカテリーナ2世に謁見《えっけん》**しています。謁見は正午から開始されました。光太夫はかなりのロシア語を話せるようになっていたようですが、彼の後ろには親友ラクスマンが控えてくれていたので、言葉の面での心配はありませんでした。

それでも当初は、緊張で足が前に進まなくなった光太夫でしたが、女帝は彼の言葉に真摯《しんし》に耳を傾け、深い同情を示してくれました。そして、あまりに会話がはずんだので、謁見は2時間以上も続いたのです。

謁見の最後には、女帝と女官からキスの嵐を浴びて失神しそうだったという光太夫ですが、遭難してから約10年、女帝による帰国の勅許と援助を受けてロシアを出国し、寛政4(1792)年10月21日、蝦夷地の根室にたどり着くことができました。

そして本来であれば、**「外国からの帰国者は死罪」という江戸幕府の法は、老中首座の松平定信《さだのぶ》の考えで曲げられることになり、光太夫らの受け入れが決定**するのです。

なお、光太夫らを送り届けたのは、キリール・ラクスマンの息子のアダム・ラクスマンでした。

光太夫を含めて全17人の船員のうち、生き残ったのはわずか二人——光太夫と磯吉《いそきち》だけでした。

## ●スパイなのか、英雄なのか

光太夫と磯吉は蝦夷地から江戸に送られることになり、御目見《おめみえ》（＝将軍への拝謁《はいえつ》）の準備として「旗本格」の身分が与えられました。

これも松平定信の差配ですが、この直後に彼は老中首座を辞任しています。さまざまな理由で将軍との関係が悪化したからですが、松平は左遷されたわけではなく、その影響は幕府中枢にしばらくは残りました。

21歳の11代将軍・徳川家斉の御前《ごぜん》において、光太夫の取り調べがなされましたが、ロシア女帝との謁見で鍛えられた光太夫はいつもの堂々とした態度で、松平たちからの詮議《せんぎ》に答え、見事にスパイ疑惑を晴らすことに成功しました。

その後、光太夫と磯吉は、幕府から与えられた江戸の家で暮らすことになります。創作物の中では、監禁同然の暮らしだったように描かれることもありますが、実際のところは、普通に誰とでも面会できましたし、通詞としてロシア語の仕事を時々こなす他、徳川家の一門である御三家をはじめ、多くの大名たちの屋敷にも招かれるようになり、実に華やかな生活が待っていたのです。

光太夫は、あっという間にロシアから持ち帰った宮廷服が着られないほどに肥満しました。徳川家の「養い人」として帰国後の生活を楽しんでいたようです。これを「所詮《しょせん》は幽閉生活」と取るか、「楽隠居《らくいんきょ》」と取るかは感性によるのでしょう。

40代半ばの光太夫はそれに満足していたようですが、一方で、30代半ばの磯吉は船員の仕事に復帰したがったものの、その願いは叶えられませんでした。ただ、彼がずっと会いたがっていた故郷の伊勢の家族には、願い通り、再会を果たしています。

二人が新しい生活を楽しむ一方、幕府内は大いに揉《も》めていました。本音では、外国に興味を抱く者が多い幕府上層部でしたが、タテマエとして、鎖国は国法であり、それを守らざるをえません。しかし、**光太夫を受け入れる以上、ロシアは恩人**なのです。ロシア領に隣接している蝦夷地の軍備は遅れており、ロシアに対して礼を失すれば、戦にもなりかねず、攻撃されたらひとたまりもないと判断した松平定信は、自ら筆を執り、通商関係を求めていたアダム・ラクスマンたちロシア側に、**「感謝はするが、鎖国の法があるので貴国とは交易できない」旨を丁寧《ていねい》に伝えました**。

しかし、同時に日本が受けた恩義へのお礼として、ロシア船一隻の長崎寄港を許可する信牌《しんぱい》（＝長崎への入港許可証）も与えることにしたのです。

その後、ロシアからは連絡もなく船の来航もありませんでした。エカテリーナ女帝が亡くなり、ロシア側にも色々とあったからでしょう。また日本も、松平定信が幕府の中枢で影響力を完全に失ったりして、状況が変わりつつありました。

## ●ロシア使節団に取った幕府の対応

そんな中、文化元（１８０４）年9月、光太夫が乗ってきた「エカテリーナ号」が日本を離れてから、約12年ぶりにロシア使節の船が長崎にやって来ます。今回は4人の漂流民が日本に送り届けられました。

ところが……**漂流民の引き受けにはかろうじて応じたものの、今回の幕府は実に冷淡な対応しか見せませんでした**。かつて幕府がロシアに与えた信牌がその場で取り上げられるなど、使節団長ニコライ・レザノフにとっては想像もしなかった失礼な対応もありました。

幕府はロシア皇帝からの親書と贈り物のすべての受け取りを拒絶しました。この時、光太夫にロシア人が好む日本の品を聞いていることからすると、日本茶や和紙といった手軽なお土産《みやげ》だけ持たせて、迷惑そうに使節団を追い返したのでしょう。

たまたま江戸から長崎を訪れていたため、このことを知った勘定奉行・石川忠総は**「レザノフは定めて自殺すべし（=きっと自死することだろう）、我れならば生きてはおらじ」**などと述べています。すべては、時の老中首座・戸田氏教《とだうじのり》の指示でしたが、危険な選択だったと言わざるをえません。

案の定、幕府の酷《ひど》い対応はロシア側でも問題になりました。レザノフの部下でロシア海軍将校のフヴォストフは激昂し、**日本への復讐として、文化3（1806）年と翌年にかけ、樺太《からふと》・択捉島《えとろふ》を軍艦襲撃**しています。

幕府は松前《まつまえ》奉行を置いて、東北諸藩に警備させましたが、ロシアとの緊張は続き、文化8（1811）年には、軍艦長の一人のゴロヴニンという男が日本の捕虜になるなど、激しい戦闘もありました。「**江戸時代に戦争はなかった」とよくいいますが、本当はロシアともこのように矛《ほこ》を交えている**のです。

ただ、この時はロシア側が全面的に大人の対応をしてくれたことで、全面戦争は回避されました。捕虜にしたゴロヴニンを無事に返すという条件だけで、ロシア軍艦は引き揚げてくれたのですが、これは、老中首座・戸田氏教の外交音痴《おんち》が引き起こした、実に恐ろしい事件だったと思われます。

光太夫はこの事件には沈黙を守っていますが、さぞや心を痛めていたことでしょう。しかし、すでに彼には何もすることはできなかったのです。

こうして、江戸時代後期、大黒屋光太夫らのロシア漂流民によって奇跡的に開かれた、有利な条件での日本開国・通商再会の可能性は、幕府上層部の失策のせいで、あっという間に潰《つい》えてしまったのでした。

# 恐怖の「死体リサイクル」店主・山田浅右衛門

江戸時代は現在の日本から見れば、近くて遠い世界です。たとえば現代のように、江戸の人たちも盛んにリサイクルを行なっていたのですが、その中には目を疑うような代物も含まれていました。

江戸の平河町《ひらかわちょう》と麴町《こうじまち》（現在の両町と同じ位置）には、立派なお屋敷がありました。二つの屋敷の主は**山田浅右衛門**《やまだあさえもん》という人物です。

しかしその身分は、仕えるべき主人を持たない、浪人《ろうにん》の武士でした。それなのになぜ、浅右衛門とその家族は江戸の一等地で豪勢に暮らし、徳川将軍家や大名家といった最上流の武士たちからの、感謝と信頼を独り占めにしてきたのでしょうか。

その謎には「人間の死体」が絡《から》んでいたのです。

## ●武家社会に横行する「御様御用」の習慣とは

山田家の先祖は、家康の側室として権勢を誇った茶阿局（朝覚院《ちょうかくいん》）の血族です。茶阿局は一時期、家康からの寵愛めでたく、松平忠輝などの子を授かりました。しかし、その後、理由は不明ながら家康からの寵愛を完全に失っています。

それに伴い、忠輝も家康から疎《うと》まれることとなりました。松平忠輝の側近だった山田浅右衛門の先祖も、主君が家康に睨《にら》まれたことが原因で、なんと切腹させられるという非業の最期《さいご》を迎えています。

しかし、その子孫にあたる山田貞武《さだたけ》以降、山田家は首斬り役人として頭角を現わし、二代目・浅右衛門こと山田吉時《よしとき》の時代には、早くも**徳川将軍家の「御様御用《おためしごよう》」の仕事を独占する権利を獲得**しています。

この御様御用とは、いったいどのような仕事なのでしょうか。

江戸時代初期の武士社会は、戦国の世から引き継いだ価値観がいまだ根強く、その中には**「刀剣の切れ味は、人間を試し斬りした時にしかわからない」**というものがありました。それが「御様」です。そのうえ、「人間を刀で斬る御様が趣味」という大名もたくさんいたのです。

家康の十男で、紀州藩の初代藩主となった徳川頼宣は、そういう大名たちの代表格で、備前長光《びぜんながみつ》の名刀「腰帯《こしおび》」にて人間を斬り付けたという逸話もあります。「快く切れて其《その》まゝ立たるを突き給ひければバ、二つになりて倒れけり」。つまり、「頼宣様が、その者の身体を袈裟《けさ》斬りにしてみたところ、小気味よくズバッと斬れた感触があったのに、その場に立ったままだったので、ドンっと押してみたら、真っ二つに割れて倒れた」などというのです。

これがなにより恐ろしいのは、頼宣に試し斬りされた人が、立ったままという描写から、生きたまま斬られたかもしれない可能性があることですね。

江戸時代において、表向きは戦が根絶され、流血を伴う行為も忌避《きひ》されるようになっていました。ところが、人間という生き物は心のどこかで、〝血〟を求めてしまうものなのでしょうか、代わりに御様の悪習が武家社会にはびこるようになったのです。

刀の切れ味を試す「御様御用」では
生きている者も斬った!?

## ●「刀の切れ味なら、山田に聞け！」

江戸初期には、山田浅右衛門の他にも何人か首斬り役人は存在していたのですが、他家の者たちが次々と廃業していく中、山田家だけが最後まで残りました。そして将軍家の御様を、山田家の〝家の芸〟として、一手に引き受けることになります。つまり、将軍家御様御用といえば「山田家」ということになったのですね。18世紀頃、8代将軍・徳川吉宗《よしむね》の治世の話です。

この頃になると、趣味嗜好《しこう》としての様斬《ためしぎり》の実行はさすがに控えられていたものの、将軍家の面々が世評の高い名刀を手に入れたり、あるいは大奥で将軍家の若君、姫君が生まれると、**彼らに与えられた刀や薙刀《なぎなた》などの切れ味を実証する**という目的で、御様は行なわれ続けていました。

山田浅右衛門によって、「斬るに適当」と判断された罪人男性の首なし遺体が江戸城内に運び込まれ、土台の上にまるで花を活《い》けるかのように縄を使って固定されると、その身体のあちこちを浅右衛門は刀剣で切り刻んで見せるのです。

恐るべきことに、これら御様は当時、「おめでたい行事」として行なわれていました。将軍家だけでなく、名だたる大名たちはこぞって浅右衛門を呼び付け、御様の〝ショー〟を実演させていたのです。

御様の経験によって、刀の真の切れ味を知る男とされた浅右衛門は、刀剣の鑑定者としても重宝され、刀を見ただけで「この刃の具合であれば、人間の身体のどこそこなら簡単に斬り落とせるでしょう」などと言い、切れ味にお墨付きを与えてもいます。

## ●山田家が独占したもう一つの権利

「将軍家御様御用」という肩書を持ちながら、山田家が浪人をやめて幕臣にならなかったのは、大名家や旗本など高位の武家たちから舞い込んでくる仕事の依頼を受けやすくするためだったと考えられます。

浅右衛門の仕事には高額の報酬が発生するのが常でしたが、彼に真に巨額の富をもたらしたのは「薬」でした。浅右衛門には**刑死者の遺体の部位を原材料とする「薬」の製造と販売許可までもが、幕府から認められていた**のです。

山田家の屋敷には巨大な蔵があり、そこには薬の原料に好んで使われた人間の胆《きも》や脳が大瓶に収められていたと、昭和11（1936）年に亡くなった法学博士の岡田《おかだ》朝《あさ》太《た》郎《ろう》が証言しています。

彼は岡田三面子《さんめんし》の筆名で江戸時代の川柳《せんりゅう》の研究を趣味として行なっていました。三代目・山田浅右衛門こと山田吉睦《よしむつ》は、川柳の名手としても知られていたので、岡田が研究をまとめた『日本史伝川柳狂句』には、この三代目・山田浅右衛門の川柳と山田家の家業についても触れられているのです。

その書には、平河町の山田家本宅の裏手にあったという通称「キモ蔵」には、巨大な瓶の中に人間の脳や、「干からびた茄子《なす》の如き物」のような形になった人間の「肝《きも》（＝胆）」のヒモノが吊り下げられていたと記されています。

また、江戸時代の奉行所の記録を載せた『江戸町奉行事績問答《えどまちぶぎょうじせきもんどう》』にも、山田家は**「人胆丸《じんたんがん》の特許専売にて一家をなせしなり」**とありますから、噂は真実でした。

しかし、山田家の長い栄華も徳川幕府の瓦解《がかい》、そして文明開化とともに終わりを迎えることになります。明治3（1870）年、明治新政府による「弁官達《べんかんたつ》」で、御様は「残酷ノ事」として禁止され、人間の内臓や性器を原材料とした生薬の製造販売も禁止されたのです。八代目・山田浅右衛門の時代でした。

仕方なく、彼は首斬り役人として明治新政府に仕えましたが、明治7（1874）年にはその職も解かれてしまいました。明治13（1880）年に、処刑方法は斬首ではなく絞首刑となったため、江戸時代から続いてきた山田家の家業は、ついに途絶えることになったのです。

# 誤訳だらけの『ターヘル・アナトミア』

明和《めいわ》8（1771）年3月4日、江戸の街はずれの小塚原《こづかはら》（現在の荒川区南千住）の処刑場で行なわれた**「腑分《ふわ》け」（＝人体解剖）**を、異様な眼差《まなざ》しで見守る二人の男たちがいました。**杉田玄白《すぎたげんぱく》**と**前野良沢《まえのりようたく》**です。

後に**日本初の西洋解剖医学書『解体新書』**を訳出、刊行することになった彼らの手には、貴重で高価なオランダ語の医学書『ターヘル・アナトミア』が握られていました。

## ●鎖国中の日本で、洋書を手に入れるには

町医者として江戸・日本橋で開業しつつ、父親から受け継いだ小浜藩《おばま》（現在の福井

県）の江戸侍医《じい》の仕事もこなす杉田玄白は裕福で、高価なオランダ語の洋書も買い漁《あさ》ることができました。

鎖国中であっても、宗教書以外の洋書は、幕府禁制の対象ではありません。そのため、日本橋にはオランダから輸入された品物を扱う「長崎屋」という名の店があり、そこに杉田や前野は出入りしていたのです。

長崎屋の2階は当時の日本では珍しい洋風の内装で、4年に一度、ふだんは長崎の出島に閉じ込められるようにして暮らしているオランダ人たちが、江戸城の将軍に拝謁するべく上京してきた際にはホテルになりました。

1階は書籍や雑貨を扱う店で、地下には将軍に献上されるオランダの文物を収めておく蔵などもありました。その余りの品が江戸の人々に販売されたのです。

杉田玄白の手紙によると、彼はある時、長崎屋で売られている洋書を11冊ほどまとめ買いしているのですが、これが一冊あたり2両もしたそうです。「貨幣博物館」でも採用されているレートでは、江戸時代中期の1両は、現代の5万円程度に相当すると考えられるので、一冊なんと10万円……。ちなみに『ターヘル・アナトミア』の原

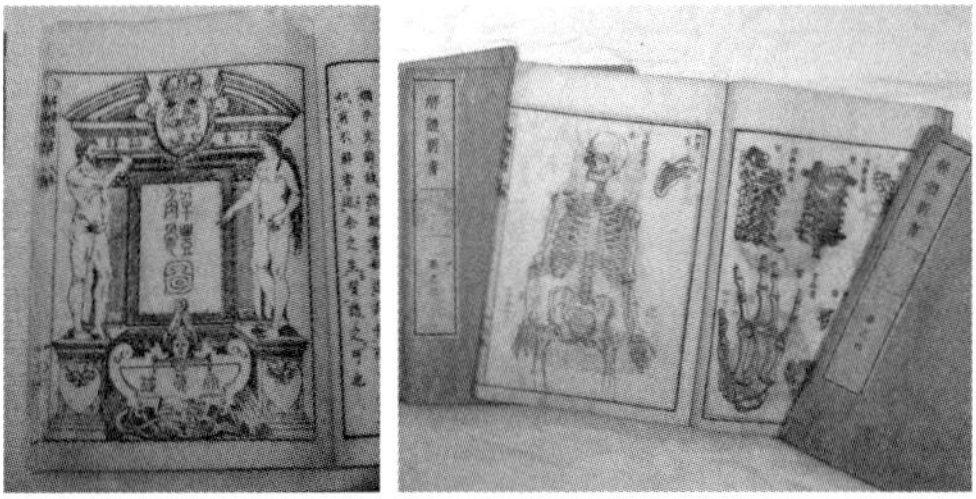

『解体新書』の扉絵（左）と、本文図（右）。
杉田玄白は「老婆の内臓」と見比べて、その正確さに感激した

著は3両だったそうで、現代の価値なら15万円もしたことになります。

しかし、彼には小浜藩医としての「二十五人扶持《ぶち》」（＝約44両、約220万円）の収入の他に、開業医として毎年400両（＝約2千万円）の収入まであり、この程度の出費など痛くも痒《かゆ》くもなかったのかもしれません。

## ●挿絵と実際の臓物が同じだった！

実は、杉田はオランダ語がほとんど読めませんでした。しかし、『ターヘル・アナトミア』の文章はわからずとも、挿絵《さしえ》を見るだけで、この本の内容が自分の医学知識とはまったく違うものだということは、はっきりと伝わってきました。

東洋医学では人間の全臓器の総称を「五《ご》臓六腑《ぞうろっぷ》」と称

するのですが、西洋医学において、その数ではとてもすべての内臓を表わせません。次第に、杉田の中には西洋と東洋の医学、どちらの教えが人体の真実に近いのかを知りたいという熱意が芽生えました。

そんな中、幸運にも冒頭で述べたように、小塚原の刑場で行なわれる「腑分け」を見学できることになり、杉田は知り合いの医師の前野良沢を誘って出かけることにしたのです。

**そこで目にしたのが、大罪を犯して処刑され、解剖に付された老婆の内臓で、『ターヘル・アナトミア』の挿絵に見られるものと同じだった**ことに杉田と前野は感激します。すぐさまこの書を日本に広めようと、同じく医者の中川淳庵《なかがわじゅんあん》などの仲間を集め、腑分けを見学した翌日に、同書の翻訳に取り掛かるのでした。

これらはすべて杉田の発案だったそうですが、ものすごい行動力ですね。

## ●なぜ間違って訳されたのか

杉田が前野を口説き落としたのには理由がありました。「語学の問題」です。

杉田と前野はかつてオランダ語を勉強しようと試みたことがありましたが、「難しいからやめておけ」と言われた杉田はすぐに断念してしまったのに、前野だけは、コツコツと学習を積み重ねていたようです。

とはいっても、前野の語学力程度では『ターヘル・アナトミア』に、太刀打ちできないのは明らかでした。翻訳の出来は惨憺たるもので、**「大げさにいえば、ほとんど誤訳である」**（酒井シヅ現代語訳『解体新書 全現代語訳』）。

それだけでなく、たとえばより専門性の高い「距骨《きよこつ》」という器官については「此語《このご》不解《かいせず》」。「蛮名《ばんめい》を存して以て後の訳者を俟《ま》つ」……つまり、オランダ語の「距骨」が理解できなかったので、オリジナルの単語の音読みを書いておくから、後世の翻訳者に期待する、などと完全に逃げてしまっている部分まであるわけです。

小学校の頃から、私たちは杉田玄白の『解体新書』について教えられますし、それによって「正しい知識が広がった」「日本の医学が進歩した」とする評価を刷り込まれています。

「頭蓋骨」、「軟骨」、「神経」などの言葉は、この翻訳時に苦心して造語され、現在でも使われ続けている用語ではありますが、杉田自身は内容の不備を痛感しており、後に弟子に改訳を命じてもいます。それでも誤訳が多いままになっている事実を考えると、この書物の影響を、そこまで過大評価することはできないかもしれませんね。

## ●「早く出したい」杉田玄白と「もっと推敲したい」前野良沢

しかし、誤訳まみれになってしまったのには理由がありました。

一日の翻訳作業は、原本の2ページほどいけばよく、前野の下訳を杉田がリライトしていく形で進めていました。リライトしたことで、原意からよけいに離れた部分もあったでしょう。

ちなみに作業日は1カ月にわずか6日ほど。大急ぎで翻訳したというイメージがありますが、そこまで根を詰めた作業ではなかったといえるかもしれません。杉田、前野ともに医師としての仕事があったからでしょうか。

おかげで翻訳完了には約4年かかりましたが、その後にも問題が起きました。**「翻訳できたのなら、とにかく早く刊行したい」**という杉田と、**「こんなクオリティーで**

**は世に出せない」**という前野の意見が割れてしまい、両者は反目《はんもく》したそうです。

その結果、『解体新書』の翻訳者としては杉田玄白の名前が一番に掲げられた一方で、実際に翻訳を担当した前野の名前は表紙から消え去ってしまいました。

しかし、刊行するや否や、日本では珍しい蘭医《らんい》（＝西洋医学を修めた医師）・杉田玄白の名声は日本中に知れ渡ることになり、患者が殺到しました。寛政12（１８００）年頃の彼の年収は６４０両（＝約３２００万円）を突破しています。

一方で、翻訳者一覧から自分の名前を消させた前野の境遇は、杉田ほど大きく変わることもなく、明治時代に福沢諭吉《ふくざわゆきち》が再発見するまでは歴史に埋もれていたのです。

そもそも、なぜ杉田が「早く出したい」と望んでいたのかといえば、その本心は、名誉欲に燃えて見切り発車したというより、生まれつきの虚弱体質に悩んでいたことから、「もう自分がいつ死ぬかわからない年齢になっているから、早く出したい」という焦りが大きかったようです。

『ターヘル・アナトミア』の翻訳が始まった時、杉田はまだ39歳でしたが、江戸時代では四十路《よそじ》に入ることは老人の仲間入りをすることに他ならず、もういつ死んでもおかしくないとする、常識に振り回されてしまっていたのです。

ところが……**杉田は自身の予想に反して、85歳という当時としては驚異的な高齢まで生き続けました。**周囲からは長寿をうらやまれた彼ですが、本心では死ぬに死ねない老衰の苦しみにさいなまれ、それを『耄耋独語《ぼうてつどくご》』という随筆にまとめているほどです。

前野良沢は81歳で亡くなりましたが、両者ともに江戸時代ではかなりの長寿だったことを考えると、『解体新書』の発刊には、前野の言うとおり、もう少し慎重になっていたほうがよかったような気もしますね。

# 4章

# 今なお、心をザワつかせる「江戸の謎」

——あの人物は消されたのか？　それとも……

# 「徳川埋蔵金」に翻弄された悲劇の幕臣・小栗忠順

日本人の心を惑《まど》わし続けてきた、恐るべき都市伝説の一つであり、永遠の謎。それが**「徳川埋蔵金」**ではないでしょうか。1990年代には徳川埋蔵金が一大ブームとなり、その在《あ》り処《か》を探ろうとするテレビ番組が、年に何本も放映されていた記憶があります。

「徳川埋蔵金」といえば、幕末に江戸城内から大金が運び出され、どこかに埋められているという話だと思う読者もいるでしょう。しかし、幕末どころではなく江戸時代初期からその存在が囁《ささや》かれ続けたという、実に息の長い都市伝説なのです。

そこには1章で述べたとおり、日本史上、突出した大富豪であった徳川家康が、その遺産の一部を隠させたという説もあれば、家康から家光時代までの徳川将軍を支え続けた天海僧正《てんかいそうじょう》による埋蔵金だったという説なども語り継がれていたようです。

つまり、〝徳川埋蔵金伝説〟は複数あるということなのです。

## ●幕府の大金はいったいどこへ？

たしかに、徳川家康に巨額の遺産はありました。

家康の遺産の詳細を記した帳簿『久能山御蔵金銀請取帳《くのうさんおくらきんぎんうけとりちょう》』によると、「金九四万両、銀四万九五三〇貫目、銀銭五五〇両で、金換算では実に二〇〇万両」（村上隆『金・銀・銅の日本史』）とあります。

江戸初期の1両の相場は高く、200万両＝約2千億円くらいでしょうか。

簡単な試算となりますが、豊臣家を滅ぼし、名実ともに「天下人」となった晩年の家康の年収が、現在でいえば何千億円以上だったことを考えると、見過ごせない巨額が闇に消えていったことは事実であろうと言わざるをえません。

ただ、幕末の頃になると、**「江戸城に金銀がなかったのは、使い果たされたからではなく、財務担当だった小栗《おぐり》（上野介《こうずけのすけ》）忠順《ただまさ》が城外に持ち出したから」**と考える者が多くなっていました。そして現在も、そう考える人は少なくありません。

なぜ、小栗は「大金を持っているはずだ」と世間から疑われることになったのでしようか。

## ●慶喜からの突然の解雇通告

慶応《けいおう》4（1868）年1月15日、江戸城において、小栗は勘定奉行《かんじょうぶぎょう》兼陸軍奉行の職を突然解かれることになりました。戊辰《ぼしん》戦争の緒戦《しょせん》となった鳥羽《とば》・伏見《ふしみ》の戦いが劣勢の中、大坂から逃げ戻った最後の将軍・徳川慶喜《よしのぶ》との関係悪化が原因です。この日からわずか4日後の19日、小栗は江戸から上野《こうずけ》（現在の群馬県）にあった彼の領地の権《ごん》田《だ》村（現在の高崎市）に永住する決心を固めていたようです。

上州《じょうしゅう》（上野）への道中にある武蔵大成《おおなり》村（現在の埼玉県さいたま市大宮区）の普門院《ふもんいん》は小栗家の菩提寺《ぼだいじ》だったので、彼は50両（＝現在の50万円）を送金し、先祖が家康から拝領したという槍や鎧も預かってもらうことにしました。

**また、「（小栗）忠順が権田（村）に引き移るに際しては、大量の荷物が運ばれた。（幕末時点で2700石取りの大身の旗本である）小栗一家と江戸から随従した家臣**

**などの家財だけでもかなりのものとなる。また、旗本としてとうぜん武器を所持していたこともあって、沿道の目をひいた」**（村上泰賢《むらかみたいけん》編『小栗忠順のすべて』）そうです。

江戸から運ばれてくる荷物の中には大量の「長持や行李《こうり》」、「漬物樽《つけものだる》」なども含まれ、これらの中身がわからないがゆえに、本当は金銀が入っているのではないかと、地域の人々に印象付けてしまったことは危険でした。

実際、小栗は大金を持っていると早合点した大勢の暴徒たちが、金を目当てに小栗のもとに押し寄せてきたのが、小栗一家が権田村に到着して3日後、3月4日のこと。

当初、小栗は戦闘の素人である暴徒に対し、家臣たちに「決して手を出すな、おどして追い払え」などと命じましたが、周辺の家々に放火したり、鉄砲を撃ち込んでくる彼らの制圧に手こずります。結果として、小栗家と上州の暴徒の諍《いさか》いは血まみれの激闘となりました。

それでも日が暮れる頃には鎮圧され、村の役人たちが小栗家を訪ね、「暴徒の中には、周辺の村民もいたが、それは博徒《ばくと》（＝ヤクザ者）に煽動《せんどう》されてのことだった。どうか赦《ゆる》してほしい」と詫びを入れてきたそうです。小栗は寛容にも謝罪を受け入れて、物の道理もわからぬ者たちは教え導かねばならないと感じ、土地の若者たちを集め、自らが教育することにしました。

しかし……小栗家が上州に引っ越して1カ月もたたないうちに、再び不穏《ふおん》な空気が流れはじめるのです。**「新政府軍が小栗の命を狙っている」**という情報が、周辺の高崎、安中《あんなか》、吉井の三藩から伝わってくると、小栗自身は屋敷に残る苦渋の決断をし、母・くに子、妻・通子《みちこ》、そして養女・鉞子《よきこ》の3人には会津に逃げるよう指示しました。

そして4月末、ついに東山道《とうさんどう》先鋒総督府（＝新政府軍）から、小栗の所領周辺の高崎、安中、吉井の上州3藩に「（小栗忠順の）追討令《ついとう》」が出されることになりました。

それは小栗が自邸内に砲台を築き、新政府に歯向かう拠点にしようとしている疑いがあるので取り調べたい、反抗するなら誅殺《ちゅうさつ》するという、一方的な内容でした。しかも新政府軍は、無抵抗の小栗と彼の養子・忠道《ただみち》、そして家臣4人を無実の罪で捕らえると、何の取り調べもないままに殺害しています。

当初は「小栗の逮捕を第一に考え、抵抗したら殺害せよ」という命令だったはずが、誰かの手で「殺害一択」になってしまったのです。

小栗父子と4人の家臣が、何の取り調べもなく、即座に斬首されたのは、あまりに理不尽な悲劇ではあるものの、その後に起こるさらなる悲劇を考えると、まだ〝まともな死〟だったように思われてなりません。

## ●小栗の死後にも次々と惨劇が……

小栗の死後から約1カ月過ぎた5月末、異様な惨劇が発生しています。小栗家の菩提寺の普門院の住職・大猷和尚《だいゆうおしょう》が頭や喉《のど》、胸を「金棒」で突かれて死亡したのです。

和尚は寝る際には枕元にも、小栗が送金した50両を置くようにしていたといいます。「小栗様が殺されたということは、自分のもとにも、大金の在り処を探ろうとして暴漢が押し寄せてくるかもしれない。その時は、50両を渡してなんとかしよう」とでも考えていたのでしょう。しかし残念ながら、和尚の目論見《もくろみ》は甘かったようです。

**和尚の遺体のそばには50両が残されたまま**でした。それゆえ、金銭目的ではなく、怨恨《えんこん》殺人説もありますが、犯人は見つかっていません。犯人が現金に手を付けなかった理由は不明ですが、捜査を攪乱《かくらん》するためのトラップでしょうか。手口の鮮やかさから、プロの殺し屋が派遣されたのではないか……とも思えてしまいます。

金属の棒で死ぬまで突き回されるとは、なんと凄惨《せいさん》な最期でしょう。すぐに命を奪わなかったのは、それが小栗絡みの金の在り処を吐かせるための拷問《ごうもん》だったことを意味していると思われてなりません。

小栗家の菩提寺の住職でさえ、こんな惨《むご》たらしい死に方をしているのです。それを考えると、何の取り調べもなく、即殺害された小栗は逆に不幸中の幸いだったといえるかもしれません。

## ●「首実検」まで受けた小栗父子

小栗父子の首は新政府軍の責任者（＝東山道先鋒総督）の岩倉具定《いわくらともさだ》（＝具視《ともみ》の子）の御前に差し出され、首が本物であるかを検分する**「首実検《くびじっけん》」**を受けました。形だけの検分だったので（そもそも小栗の知り合いでなければ、首を見ても本人かどうかは不明）、桶《おけ》の蓋は開けられなかったようですが、小栗父子の首桶の中は焼酎《しょうちゅう》あるいは「酒精」（＝エタノール）で満たされていたそうです。

彼らの遺体はすべての段階で、どこかに〝異常〟があったとする史料はないので、「小栗は即殺された」という言い伝えは真実だと考えられます。

新政府軍は金銭難で知られていましたから、大金を隠し持っているという噂のある小栗からその在り処を吐かせるために、拷問を加えてもおかしくはないはずです。しかし、彼らはそうはしませんでした。旧幕府側から見れば、悪く描かれがちな新政府軍にも（最低限にせよ）武士道はあったようですね。

一般人はともかく、現代の徳川埋蔵金のトレジャーハンターたちの大半が、小栗忠順と埋蔵金を切り離して考える傾向が強いそうです。その理由は、調査を深めれば小栗の非業の死に行き当たり、それが幻の大金を求めてやまない人間の業の深さによるものだったという、恐ろしい真実に気づいてしまうからかもしれません。

# 「近藤勇の首と胴体」にまつわるミステリー

幕府再興のため、農民の出身でありながら、武士として「新選組」を率いて戦い続けた近藤勇《こんどういさみ》の最期は無残なものでした。

慶応4（1868）年4月3日、近藤は現在の千葉県流山において新政府軍の手で捕縛《ほばく》されています。

前年10月に15代将軍・慶喜が「大政奉還」を行ない、すぐさま朝廷は王政復古を宣言。そして慶応4年の正月から戊辰の内乱がはじまり、新政府軍が無血で江戸城に入ったのが4月11日でした。全国はもちろん、将軍のお膝元《ひざもと》である江戸の街がとりわけ混乱をきたしていた4月25日、江戸郊外の板橋において近藤は斬首刑で命を落としているのです。

当時、身分によって処刑方法は違っていました。武士の場合は基本的に切腹となります。しかし、**近藤は徳川家からすでに旗本という高位の武士身分を与えられていたにもかかわらず、庶民の処刑法である斬首で殺されてしまった**のでした。

また、その処刑地は現在のＪＲ板橋駅付近ですが、この頃は「馬捨場《うますてば》」――刑場ですらなく、死んだ家畜が捨てられる場所であったことも考え合わせると、すべては新選組と近藤に苦しめられてきた新政府側からの〝報復〟だと考えることもできるでしょう。しかも近藤の処刑は当日、なりゆきで決定したようなものでした。

突然、刑の執行を告げられても、近藤は落ち着いたもので、最後まで自分に付き従ってくれた部下二人の助命を新政府の役人に掛け合い、処刑直前に「ながながとご厄《やっ》介《かい》に相《あい》なった」と、役人にしっかりとした声で礼を述べた姿が、『新選組始末記』には描かれています。

この書物は「実録小説」の体を取ってはいますが、作者の子《し》母《も》澤《ざわ》寛《かん》が近藤の甥《おい》（で後に養子となった）近藤勇五《ゆうご》郎《ろう》の証言などをもとにまとめ上げており、その内容には一定の信頼を置いてもよいと筆者は考えています。

かくして近藤勇は大勢の人々の見守る中で斬首されたのですが、なぜか処刑時刻に定説がないことをはじめ、**近藤の首と胴体の所在も、現在に至るまで不明になっている**など、彼の死の周辺には奇怪な点が目立ちます。

## ●突然消えた「晒し首」

近藤の首は計2回、晒《さら》されたとされていますが、板橋の地では形ばかりの晒しであったと推測されます。また、近藤の首には防腐処置が施《ほどこ》されました。「アルコウルにて首をしめ、西京三条河原へ曝《さら》す」（永倉新八《ながくらしんぱち》『浪士文久報国記事《ろうしぶんきゅうほうこくきじ》』）という、当時にしては斬新な方法が選択されているのは注目されます。

新政府側は、近藤の首がまだ新鮮な状態で、京都の三条河原に晒すことを強く望んでいたことがわかりますね。

こうした下準備の甲斐あって、ありし日の近藤を知る漢学者の依田学海《よだがくかい》によると、三条河原の獄門台に載せられた時点の近藤の首は**「顔色生くるが如し」（『譚海《たんかい》』）で、依田はよけいに「慨嘆《がいたん》にたへず」（＝悲しみを抑えられない）**と感じたそうです。

しかし、そうした声は晒し首を見に集まった民衆のうち、ごく一部でした。人々の大半は、『トンヤレ節』という戯《ざ》れ歌の一節を、「あれハ朝敵《ちょうてき》近藤勇の首」などと替えて囃《はや》し立てていたそうです。かつて新選組は、会津藩の監督のもと、京都の治安を維持する組織として活動しましたが、幕府と将軍に歯向かう者はすべて斬り捨てるという隊の厳しい姿勢が、京都の庶民からは反感を買ってしまっていたのです。

奇妙なことに、4月8日から10日朝まで、三条河原で晒されたのを最後に、近藤の首の行方はわからなくなりました。現在ならば責任者の処遇が問われる事件ですが、例によって杜撰《ずさん》な新政府は記録さえ残していません。

近藤が刑死した旧暦4月は現在の5月にあたります。初夏の陽気のもとで首の腐敗がはじまると、わざわざ見に行く人も少なくなったのでしょう。そしていつの間にか、彼の首は誰かに持ち去られたのではないでしょうか……。

それにしても、腐敗した首の消失とは不気味です。

## ●幕府側の人間が持ち去った説

歴史の闇に消えた近藤の首の行方に関する仮説はいろいろありますが、可能性が高いと思われるのは**「東本願寺（略）法主自大谷《ほっすみずから》へ吊《ともらい》ニ相成ル」**……つまり、東本願寺の当時の法主・嚴如上人《ごんにょしょうにん》が近藤を憐《あわ》れみ、その首を密かに手に入れて、東大谷の山のどこかに埋葬したとする説です。

これは新政府の役人に依頼され、近藤の斬首を担当することになった横倉喜三次《よこくらきそうじ》の証言ですが（『横倉喜三次覚書《おぼえがき》』）、彼は自分と同じ剣客《けんかく》としての近藤の生き様、そして死に様に強い共感と尊敬の念を覚えていたそうです。

実際、横倉は近藤の処刑で得た報奨金のすべてを使い、彼の地元の岐阜の寺で近藤の法要を行なったことが近年の調査で判明しています。それほど近藤に心酔している人物が、適当なことを書き残すでしょうか？

たしかに、東本願寺の法主・嚴如上人は、幕府より朝廷との距離が近い人物です。しかし、東本願寺は徳川家康の強い支持のもとに成立した寺院でもあるのです。徳川将軍家に忠誠を誓っていた近藤勇の惨い死に、嚴如上人が哀れを感じ、密かに手を差し伸べても不思議ではありません。

残念ながら、東本願寺側に『横倉喜三次覚書』の内容を裏づける記録は一切残されてはおらず、その後、東山における近藤の首塚の場所は一度も明らかになっていません。だからといって、近藤の首を東山に葬《ほうむ》ったとする横倉の証言が間違いとはいえない、と筆者は考えています。近藤の首はその後、京都から持ち出されたという証言もあるからです。

## ●会津に持ち出された説

この当時、会津において、北上してくる新政府軍を迎え撃っていた近藤の盟友の**土方歳三**《ひじかたとしぞう》**が、近藤の死を悼《いた》みたいと、京都時代に新選組の「下僕」として働いていた上坂仙吉**《こうさかせんきち》**（通称・会津小鉄**《こてつ》**）なる侠客**《きょうかく》**に手紙を送り、近藤の首を会津まで届けさせたと**いう逸話が存在しています。

上坂は、新政府から旧幕軍の死者の弔いを禁じられていたにもかかわらず、彼らの遺体を埋葬してまわったという義侠心《ぎきょうしん》溢れる人物でした。昭和40年代、大親分にあたる上坂の証言を彼の子分たちが代々、口伝《くでん》で受け継いでいた証言が「会津小鉄伝　粗筋《あらすじ》」と題されたメモにまとめられています。

これによると、上坂は近藤の首も放っておくことができず、三条河原から盗み出し、一度は土中に埋葬したそうです。しかし土方から連絡を受けると、彼のもとに近藤の首を届けたいという気持ちを抑えきれなくなり、危険も顧みず、首を持って会津に向かったというのですね。
そう聞けば、「腐敗が進んだ人間の首を長時間、持ち歩くことが可能なのか」などと考えてしまいますが、近藤の首は埋葬される際には荼毘《だび》に付されていたとすれば、それも可能です。

この二つの説――『横倉喜三次覚書』で、東本願寺法主が近藤の首を東山のどこかに一度埋葬したという説と、「会津小鉄伝　粗筋」にある会津に持ち込んだという説を折衷《せっちゅう》したものが真実ではないかと思われます。おそらく東本願寺の厚意で、無惨に傷んだ近藤の首は荼毘に付され、お骨となっていたのではないでしょうか。
お骨は『横倉喜三次覚書』の示すとおり、東山のどこかに埋葬されていましたが、その極秘情報を独自のネットワークを持つ侠客という立場から、聞き付けることに成功した上坂仙吉が、東本願寺に掛け合い、寺側の了解を得たうえで掘り起こし、会津に持っていった。その時の骨を祀ったのが、会津の天寧寺《てんねいじ》（会津若松市）にある近藤の首塚ではないか……と筆者は考えています。

## ●なぜか「胴体」までも行方不明に

しかし……近藤の死にまつわるミステリーはまだ終わりません。彼の首だけでなく、その胴体の行方も不明のままであることを読者はご存じでしょうか。

首に比べ、さすがに胴体ともなると選択肢が限られ、**新選組の菩提寺となった寿徳《じゅとく》寺《じ》（東京都北区）か、近藤家の墓がある龍《りゅう》源寺《げんじ》（同三鷹市）のどちらか**ということになります。歴史マニアの間でもさまざまな議論があるものの、近藤勇の家族や親族の証言から、近藤の胴体が眠っているのは、龍源寺の可能性が高いと考えられます。

なぜ、近藤勇ほどの人物の遺体が行方不明なのか？（慶応３年撮影）

先述のとおり、近藤の甥の勇五郎は、勇の処刑を見守ったことで知られています。

彼はいったん故郷の武州上石原村《ぶしゅうかみいしわら》（現在の東京都調布市）に帰ったものの、家畜の死体を捨てるような場所に近藤勇という大人物を葬ったままにしておくのは忍びないと思い返し、仲間を連れ、江戸に戻ることにしました。

かくして処刑から3日後、近藤の首なし遺体は掘り起こされたのですが、その後の勇五郎たちが取った行動がなかなか衝撃的なのです。

彼らは、駕籠《かご》に乗せた近藤の首なし遺体とともに（一説には遺体は大きな箱に収めた状態だったようですが）、板橋から調布までの約20キロメートルの道のりを旅したのでした。

近藤の遺体を掘り返したときの勇五郎の談話（『新選組始末記』）にはなぜか登場しないものの、一行が**「中野の成願寺《じょうがんじ》に立ち寄った」**という注目すべき記録も残されています。

歴史研究家の赤間倭子《あかましづこ》氏いわく、「近藤勇五郎の娘・こんさんの夫君である峰岸徳太郎《みねぎしとくたろう》氏から直接私が聞いた話」として、当時、**成願寺には理由は不明ながら、近藤の妻のおつねと娘の瓊子《たまこ》が身を寄せていた**そうなのです。わざわざ役人の目を逃れ、成願寺に勇五郎たちが寄り道したのは、赤間氏が指摘するように休憩のためでもあったのでしょうが、やはり主な目的としては近藤の妻おつねから、勇五郎が駕籠で運んできた首なし遺体を、本当に近藤のものだと検分してもらうためだったと考えられます。

後年、勇五郎が子母澤に、このエピソードを語らなかったのは、首なし遺体を勇だと確証が持てなかった自分を恥じたからかもしれません。

しかし、近藤という人物の容貌は、気迫に満ちた表情、非常に大きな口など特徴の多い顔面に比べると、首から下は「中肉中背」で特徴といえるものが少なかったようです。おまけに勇五郎の証言によると、掘り起こした時、近藤の遺体は衣服を剝がれ、「下帯《したおび》」しか着けていませんでした。それゆえ勇五郎は自身の迷いを断ち切るため、近藤の妻からの〝お墨付き〟がどうしても必要になったのでしょう。

このような経緯を経て、板橋から近藤家の菩提寺の龍源寺に運ばれて土葬された遺体が昭和30年代に掘り起こされた時、出土した足の骨には骨折した痕《あと》が見られたそうです。これは、近藤勇が少年時代に足を骨折したというエピソードを裏づけるものでした（「龍源寺遺聞」、雑誌『歴史と旅』昭和59年8月号掲載）。

150年ほど昔の話にすぎないのに、いまだにはっきりと解き明かせない歴史の謎が、徳川幕府瓦解《がかい》期には本当に多くあるものですね……。

# 大石内蔵助を「昼行灯キャラ」にした浅野内匠頭

5代将軍・徳川綱吉治世の江戸城では、『土芥寇讎記《どかいこうしゅうき》』というレポートが作成されました。綱吉の側用人《そばようにん》だった牧野成貞《まきのなりさだ》が中心となり、各地に隠密《おんみつ》（＝幕府や各藩に属し、スパイ活動を行なう者。忍び）を放って各藩の大名の地元の評価をまとめ、成立したとされる文書です。

最近では〝お殿様の通信簿〟などとも呼ばれる代物ですが、外様大名よりも譜代大名の評価が概《おおむ》ね高く、綱吉のお気に入りの大名であるほど、美辞麗句で褒《ほ》めそやされているという、恣《し》意的な傾向が指摘できます。

たとえば、綱吉第一の寵臣《ちょうしん》として知られる柳沢吉保《やなぎさわよしやす》の評価には、彼が病的な女好きであることには触れず、「心意順路《しんいじゅんろ》にして、邪佞《じゃねい》の心なく、誉之《ほまれの》善将と云《い》へり」……心根がまっすぐで、邪《よこしま》なところがなく、日本が誇るべき善意の武将といわれている、などと歯の浮くような高評価が与えられているのです。

さて、この元禄時代の奇書ともいうべき書物の中で、もっとも注目すべきは、赤穂《あこう》藩（現在の兵庫県赤穂市）の藩主・浅野《あさの》（内匠頭《たくみのかみ》）長矩《ながのり》の項目でしょう。説明するまでもなく、浅野は『忠臣蔵《ちゅうしんぐら》』のもとになった「赤穂事件」の中心人物で、江戸城内で吉良《きら》（上野介《こうずけのすけ》）義央《よしひさ》に斬り掛かったものの殺害に失敗、殺人未遂罪で即日切腹を申し渡されて亡くなっています。

## ●奇書に記された浅野の評判

『土芥寇讎記』によると、この奇怪な事件以前、20代半ばの浅野の評判は次のとおりでした。

**「（浅野）長矩、智有て利発也。家民の仕置《しおき》もよろしき故《ゆえ》に、士《さむらい》も百姓も豊《ゆたか》也」**

〝浅野は知恵のある利発な殿様で、家臣や庶民たちの生活もうまく統制できているので、みな豊かに暮らしている〟――しかし、その後の文章が大問題なのです。

**「女色《じょしょく》を好む事、切《せつ》也」**……つまり、とにかく女好きで、よい女性を見つけて差し出すと出世できたとか、政治は家臣に放り投げて、自分は昼夜を問わず、女と戯《たわむ》れていた、というのです。記録上、彼に側室がいなかったのは、「飽きたら捨てる」という行為を繰り返していたからかもしれませんね。

浅野はなぜ、名君と呼べそうな資質の持ち主だと持ち上げられながら、政治は家臣に任せっきりで女に狂っているだけ、という矛盾した評価を『土芥寇讎記』に書かれているのでしょうか？

推測するに、幕府の隠密が調べると、当初、浅野にはよい噂ばかりだったけれど、調査を進めるにつれ、あれこれと不穏当な情報が飛び出してきたのでしょう。おそらく、優秀な家臣たちが浅野を盛り立て、彼の悪い部分を世間からうまく隠していたのではないでしょうか。

そもそも**綱吉治世の幕府は、慢性的な財政難を大名の取り潰しと財産没収によって賄っているところがありました**。恐ろしいことですが、綱吉治世中だけでも、大名・旗本合わせて１００家以上、１６１万石の取り潰しに幕府は成功しています。その理由として一番多かったのは、当主が急死した際に相続に失敗したケースです。次に多いのが当主の「乱心」、「狂気」で、幕府はこの手の心の病には極めて不寛容であることが知られていました。

浅野家時代の赤穂藩の石高は、表向きは約5万石でした。赤穂藩には優れた塩田技術があり、塩の全国販売を行なっていたので、総石高は11万石相当になっていたとされます。全国の藩のトップ30前後には入っていました。

何か不祥事があれば、確実に取り潰したい対象として狙われていたのでしょうね。ですから、隠密にも徹底的に調べさせる必要があったのです。

## ●実は、君臣の絆は弱かった!?

「当主が政務に不熱心で、政治は家臣に放り投げている」という『土芥寇讎記』の記述からは、根本的な意味で、君臣の絆の弱さが読み取れる気もします。

「浅野の殿は切腹したのに、吉良家は被害者面だけしてロクに処分を受けていない」などと憤慨《ふんがい》した旧赤穂藩士たち47人が吉良邸に討ち入りを敢行し、亡き主君の敵《かたき》である吉良（上野介）義央を見事に討ち取り、「仇討《かたきう》ち」を遂げた……という「忠臣蔵」のストーリーに親しんでいる大方の人は、浅野家の君臣の絆が実は弱かったといわれても、すんなり納得できないかもしれませんが、史料の行間には、不仲を匂わせる記述が散らばっているのです。

たとえば、筆頭家老の大石《おおいし》（内蔵助《くらのすけ》）良雄《よしお》ですら、「赤穂事件」の前には、浅野との良好な関係をうかがわせるような史料があまり存在していません。

理由としては、浅野の深刻な持病であった、緊張時に極度の興奮状態となり、呼吸困難に陥って暴れるという症状――当時の言葉で「痞《つか》え」という病が考えられます。事件当日も、医師から処方された薬を飲んで浅野は登城しました。

浅野は、理性を失って怒るということが、たびたびあったのかもしれません。だからこそ「昼行灯《ひるあんどん》」式に、浅野とは付かず離れずの関係を保っているのが一番よいと判断し、大石は浅野とわざと距離を取っていた……そう考えたほうが妥当な気もしてくるのですね。

## ●家臣なのに赤穂城から12キロメートルも離れて住む〝謎〟

「大石良雄別邸の跡」として出てくる旧海老名《えびな》家の屋敷（現在の兵庫県相生市《あいおいし》）の伝

赤穂市内の大石内蔵助の屋敷。ここからあまりにも離れたところに、わざわざ別邸を設けたのは……

承が興味深いのです。

赤穂城から約12キロメートルほど離れた旧海老名家が「大石の別邸」と呼ばれるようになったのは、大石が頻繁に物見遊山に来たからだそうです。たしかに海老名家のあった相生村は、大石が浅野から褒美《ほうび》にいただいた領地という縁もありました。

しかし、赤穂城から約12キロメートルも離れた自領に、本来なら多忙なはずの筆頭家老であった大石がよく出かけた理由は、なんとなく推測できます。「閉門蟄居など記録に残る処分ではなくても、浅野と喧嘩《けんか》して、居場所がなくなったのでそこに逃げていた」くらいではないでしょうか。

**江戸の街で考えると、将軍直参の旗本や御《ご》**

**家人《けにん》たちは、江戸城に「いざ」という時、素早く馳《は》せ参じられる距離に住まわせられており、身分が高い者ほど御城の近くに、遠くてもだいたい6～7キロメートル圏内に収まるところに住んでいる**のです。12キロメートルというのは少々、異常です。筆頭家老が頻繁に通う距離としては遠すぎる気がします。

やはり、浅野が江戸で切腹死を遂げて以降、大石が水を得た魚のように活躍しはじめるのは、大石と浅野の関係が本当は〝険悪だった〟からではないでしょうか。

浅野の切腹後、赤穂城を開城した際の大石は、「小作りにして痩《や》せ形の梅干を見るごとくの親父風なる男」（大田南畝《おおたなんぽ》『半日閑話《はんにちかんわ》』）……痩せ型で小柄、シワシワの梅干しのようなおじさんだったといいます。

その容姿はとても大望ある人物には見えなかったという同時代の評価に尾ひれが付いて、後の創作物に見られる「昼行灯」のキャラになったのだと考えられます。

とはいえ、本来ならば有能な家臣を「昼行灯」にしてしまうのは、やはり浅野（内匠頭）長矩という殿様に、本質的な問題があったからだと考えるのが妥当でしょう。

# 「赤穂事件」を起こした四十七士の本音

前項の赤穂藩の筆頭家老である大石（内蔵助）良雄ですら、浅野（内匠頭）長矩との関係があまりうまくいってなかったとしたら、「四十七士」と呼ばれる（概ね身分の低い）家臣たちと、藩主との関係はいったいどうだったのでしょうか。

実は、その大半の家臣が生前の浅野からとくに寵愛を受けたり、恩義を被《こうむ》った経験がない者だという真実があり、四十七士の大半が仇討ちに参加した理由は、「亡き殿のため」という主従愛などではなく、**自分自身の名誉のためだった**といえるのでした。

つまり、「たとえ不名誉な死に方をした殿様であったとしても、臣下として殿の仇討ちに参加しなければ、武士失格だと自分が謗《そし》られるのが一番嫌だ！」という〝武士道マニア〟ばかりだった……そうとも言い換えられるのです。

## ●「赦しを与えられない」二人

そもそも四十七士の中には、浅野との関係が悪化して、赦しを与えられぬままだった者さえ二人もいました。

一人は「馬廻役《うままわりやく》」の千馬《せんば》三郎兵衛《さぶろべえ》です。内容は不明ながら、浅野に何度も諫言《かんげん》を行ない、嫌われていました。元禄10（1697）年には閉門謹慎処分を受け、その4年後、つまり「赤穂事件」が起きる直前になっても復帰できないので、脱藩しようかと考えていたほどでした。

また、もう一人の不破《ふわ》数右衛門《かずえもん》は、浅野の怒りを買って藩士の身分を失い、浪人となって出奔《しゅっぽん》し、江戸にいました。

しかし彼らは結局、大石の厚意で四十七士に迎え入れられているわけです。

このことからも、史実から見た「忠臣蔵」は、亡き殿への追慕《ついぼ》といった個人的感情より、仇討ちに参加しなければ、自分が「武士失格」と侮られるのが嫌だと考える家臣たちが行なった結果だと考えたほうが、すんなり納得できます。

## ●なぜ、吉良は斬り付けられたのか？

史実の「赤穂事件」では、浅野は吉良に斬り掛かった理由を問われ、**「私之遺恨有《わたくしのいこんあり》（＝私怨があった）」**とだけ答え、それ以上は語っていません（『多門伝八郎覚書《おかどでんぱちろうおぼえがき》（筆記）』）。それゆえ『仮名手本《かなでほん》忠臣蔵』など各種創作物では、仮説を定説として語ることになりました。

浅野に任されていた、正式には**「御馳走役《ごちそうやく》」**と呼ばれる役目の指導役を吉良が務めていた関係から、吉良が浅野を意図的に指導しなかった。もしくは浅野をいじめた……などの筋書きにせざるをえなくなったのです。

しかし、被害者の吉良にも取り調べは行なわれ、「なぜ浅野に斬り掛かられたのか、わかるだろう？」と問われた彼は**「拙者何之《せつしゃなんの》恨請候覚無《うらみをうけそうろうおぼえなし》。之全内匠頭乱心《これすべてたくみのかみらんしん》と相見《あいみえ》へ申候《もうしそうろう》（＝私は何の恨みも買うようなことはしていません。これはすべて浅野内匠頭の乱心です）」**と断言しています（『多門伝八郎覚書』）。

浅野自身は「乱心ではない」と言うのですが、彼が異様な興奮状態にあったことは目撃証言から明らかです。

江戸城内では、高位の武士であっても、8寸（＝24センチメートル）程度の「殿《でん》中差《ちゅうざ》し」を所持できるだけなのですが、**浅野はこれをまるで長刀《ちょうとう》であるように錯覚し、袈裟懸《けさが》けに相手の額《ひたい》めがけて斬り掛かっているの**です。冷静に考えれば、小刀で顔を斬り付けても、一撃で倒すことなどできません。

事件を目前で見ていた、梶川与惣兵衛《かじかわよそべえ》という旗本が、浅野は吉良を背中から斬り付けたと証言（『梶川筆記』）しており、後世に江戸幕府の公式史書としてまとめられた『徳川実紀』では、前から斬り付け、次に逃げようとした吉良の背中を斬り付けたとまとめています。

いずれにせよ、浅野が心臓を一突きというもっとも殺害の可能性が高い攻撃をできていないことだけはわかります。吉良の言うように**「浅野は乱心していた」**と考えるほうが自然ですね。

このことからも、不安が募《つの》ると、怒り散らかす悪癖が浅野にあったことは事実でしょう。おそらく、そういう彼の癖《へき》は、吉良にも知られており、「触らぬ神に祟りなし」式に当たり障《さわ》りなく、御馳走役の職務の説明をされるだけだったのかもしれません。

そういう風に吉良には扱われていると、少なくとも浅野は受け取り、不安と怒りを募らせていった……そして、事件当日の吉良が梶川与惣兵衛という旗本と談笑している姿を見て、「私のことは放置していたのに」と感情が爆発し、気づけば刀を振り回していた。そういう惨憺たる経緯が想像されてしまいます。

## ●〝持病〟が引き起こした悲劇

もちろん、吉良にも「金に汚い」などの悪い噂はあり、潔癖な人物ではなかったでしょうが、浅野に何も教えようとしなかったはずはありません。浅野の指導役を任せられている以上、教えなければ吉良自身の責任問題となるからです。

緊張が高まると感情を爆発させてしまい、自分を抑えられない癖――持病といえるかもしれません――を持つ浅野は、お役目の日が近づくほどに不安を募らせ、**自分が**

**今、こんなに不快で苦しいのは、吉良が悪いからだという風に、問題のすり替えを行**

**なってしまった**のではないでしょうか。浅野は自身の負の感情の爆発によって自滅し、不幸にも吉良はそれに巻き込まれてしまった……それが松の廊下の刃傷沙汰《にんじょうざた》の本質であろうかと思われます。

## ●歴史的〝殺人未遂事件〟の真相

このようにウラのウラを探っていくと、浅野のために、わざわざ47人もの旧家臣たちがよくもまぁ集まったものだ、と感心してしまいます。

先に、「武士道マニアの集まりだったのでは」という説を語りましたが、「私たちは武士として無能ではない」「乱心癖のある殿に頭を押さえ付けられていたから、これまではまともに活動できなかった」「武士としての面目を自力で証明したい」という、ある意味、亡き主君への恨みのメッセージを彼らは世間に発したかった。

それが四十七士の言う**「武士の一分《いちぶん》」を立てる行為**だったのではないか、というのが「忠臣蔵」の隠された真実だったと筆者は考えています。

また、それとは別に、功利的な側面もあったと思いますよ。討ち入りに成功した四十七士たちですが、幕府が下した「切腹」という沙汰を粛々《しゅくしゅく》と受け入れ、潔く果てていきました。もともと、身分が低かった者などは、それさえも目的だったと考えられます。たとえ自分自身は死んでも、有名になっておけば、残された家族や子孫たちは浪人身分から這《は》い上がれるかもしれませんし、実際に多くのケースでそうなりました。

元禄期ともなると、**ワケありの浪人が他藩に士官できる可能性は極めて低く、「どうせなら、派手に散りたい」と考えてしまった**……そのように読めて仕方ないのです。

日本史上の一大殺人未遂事件である「赤穂事件」には、後世に創作された大量の逸話がこびり付き、何が史実かフィクションかも判然としない状況です。

しかし、いずれにせよ、現在の日本では雇用主や会社と社員の関係が、かつてのように「家族」的な絆を持つケースは少なくなりました。目上の者に対する「忠義」という感覚も薄くなりました。

そんな社会になったからこそ、実質はどうであったにせよ、主従の愛を謳った伝統的な「忠臣蔵」のドラマや映画は作られなくなったのでしょう。それとは別に、美徳じみた主従愛の嘘を、私たちは本能的に嗅《か》ぎ分けているのかもしれません。

# 公的書物は何もない「お七火事」の真相

燃え盛る炎を背に、振袖姿の美しい娘が高い梯子《はしご》を必死で登り、火事を告げる半鐘《はんしょう》を鳴らそうとしている。彼女の裾《すそ》は強い風にはためき、白い素足が見える——幕末から明治初期を生きた浮世絵師・月岡芳年《つきおかよしとし》の名作『松竹梅湯嶋掛額《しょうちくばいゆしまのかけがく》』（明治18〈1885〉年、161ページ参照）に、その姿を残す**「八百屋《やおや》お七」**。

以前、火事の夜に出会った、とある美青年に禁じられた恋心を抱いたけれども、青物商（＝八百屋）の大店《おおだな》の令嬢という立場が邪魔をしてなかなか会うこともできず、気持ちを抑えかねたお七は「もう一度、火事になればあの人に会える」と思い込み、付け火をしてしまいます。

幕府の法によって、付け火は重罪と決まっています。彼女はボヤを出しただけでしたが、それでも火あぶりという惨たらしい方法で殺されています。私たちが今日、「お七火事」について詳しい情報を得ることができる最初期の史料である『天和笑委集《てんなしょういしゅう》』によると、それは天和3（1683）年3月28日のことで、彼女の享年《きょうねん》は16でした。

お七の悲しい恋の物語は、その後、井原西鶴《いはらさいかく》など有名作家の手で何回も物語化されましたし、歌舞伎としても繰り返し上演されています。

## ●ところどころに出没する、お七の影

しかし……奇妙なことに、江戸中の文人たちが残した日記や随筆、そして『徳川実紀』などの公的記録にも、お七や彼女が起こした火事、火刑場での様子についてはまったく記述が出てこないのです。

唯一の例外が、歌学者・戸田茂睡《とだもすい》による『御当代記《ごとうだいき》』の「天和三年」の項目です。**「駒込《こまごめ》のお七、付火《つけび》之事、此《この》三月之事にて廿日《はつか》時分よりさらされし也」**とあるだけですが、それを根拠に、江戸後期の文学者・柳亭種彦《りゅうていたねひこ》は、作者不明の『天和笑委集』を編集・出版する際、「戸田茂睡が作者であろう」という説を披露していますね。

また、軍学者・山鹿素行《やまがそこう》は同年3月29日の日記に「今日悪徒等を品川に於《お》て火罪礫

刑」と簡素に記しているのですが、「悪徒」の中にお七の名前はなく、彼女が含まれていたのかも不明ですし、そもそも『天和笑委集』にあった処刑日より1日後になっています。

以上の情報を整理すると、「お七火事」は『天和笑委集』というエッセイにして部分的には実録風小説というスタイルの書物によって有名になったけれど、その記述がどこまでお七の真実を反映しているかまでは「わからない」のでした。

## ●江戸庶民の「恋」に対する憧れ

それでも、お七には爆発的な人気が集まりました。それまでの日本文学のヒロインのキャラクターと、彼女が正反対だからでしょう。

男性から恋い慕われ、自分の運命が他人の手で変わっていくことに甘んじている、受動的な人物が圧倒的に多かった古典文学の中の女性に比べ、お七はあくまで能動的です。男性に恋をして、彼に会いたいあまりに放火までしてしまう、そんな彼女の行動力は決してポジティブに評価できるものではありえませんが……。

江戸時代において、恋とは「人間の愚かさを露呈させる」恐るべき代物であり、厄介な病のようなものでもありました。それとは裏腹に、江戸の人々の間には、**大恋愛はめったに手に入らない貴重品にして、最大の贅沢品**だという認識もありました。

淡い恋くらいは経験しているにせよ、「仮に大罪を犯してでも、あの人に会いたい」と思えるような強い感情を抱くほどの大恋愛は一度もないまま、年頃になれば親の決めた相手と結婚し、子供をもうけ、死んでいく人々が圧倒的多数だったのです。

そう考えると、恋をしたがゆえに、犯罪に手を染めてしまうお七は、当時では類を

江戸の街の最大のタブーは「火事」と……

見ない女です。それだからこそ、彼女は多彩なメディアに何度も取り上げられていったのでした。

## ●〝美しき放火犯〟という作られたイメージ

実は、冒頭でもお話しした、半鐘をかき鳴らそうと高い梯子に登るお七の姿は『天和笑委集』には出てきません。このことも、お七のイメージが語り継がれるうちに、変化していったことの証でしょう。

同書では、裕福な八百屋の娘・お七が、近所の商店街の家の軒板《のきいた》の隙間《すきま》に、古い綿布に包んだ炭火を差し込んだ直後、異変に気づいた人々の手で火が消され、お七の身柄も確保されてしまったという話になっています。彼女の手には付け火の道具が握られたままだったので、言い逃れはできず、自宅軟禁の後、奉行所で火刑の宣告を受けたのです。

この時、お七は自分の想い人のことは、一言もしゃべらず、彼を守ろうとしたということになっています。ところがこのあたりにも奇妙な点が目立つのです。

『天和笑委集』では、お七の恋人の名は「生田庄之介《いくたしょうのすけ》」ですが、後に井原西鶴がお七の物語を小説にした『好色五人女』の中では「小野川吉三郎《おのがわきちさぶろう》」となっており、彼の年齢や身分、属性、お七との出会い方などにかなりの相違があることは見逃せません。

「評判になった」とされながらも、お七について詳しく記した史料に同時代の日記や公の記録がほとんど含まれず、小説の類《たぐい》ばかりであるところに「結論」が出ていますね。お七は〝恋ゆえに犯罪者となってしまった、美しき放火犯〟という、**かつてなかった新しいヒロイン像を描くために創られた虚像にすぎず、彼女は空想上の人物だと考えたほうがよさそう**だということです。

## ●お七のモデルとなったのは……

しかし、お七のモデルではないかと思われる女性が『天和笑委集』の中には登場しています。「お七火事」の記述の直前に記されている**「春《はる》」**という女がそれです。

「殺生一子《せっしょういっし》に報《むく》ふ因果ものがたり」と題された章の話で、江戸・赤坂田町のある商人の家で働く、(お七と同年の)16歳の女中・春が、「初春の日数も立《たち》やらぬ所に、ある夕暮れ」、近所の家に火を付ける事件を起こしてしまったそうです。ボヤはすぐに消し止められたものの、彼女は捕縛され、奉行所の沙汰で市中引き回しのうえ、品川・鈴ケ森《すずがもり》の刑場にて火あぶりとなりました。

この女性に関する記述は、お七に比べるとほんの少しで、激しい恋愛などの要素はないものの、多くの情報を「お七火事」のエピソードと共有しているのは興味深いことです。絶世の美人とされたお七とは異なり、春の容貌はさほどではなかったけれど、気立てがよい娘ではあったようです。

しかし、**春が火付けをした理由は恋の病よりも恐ろしい心の病**でした。

昨年あたりから、自分以外には誰の目にも見えない**「ねづみ（＝鼠）多く付《つき》まとひ、坐《ざ》しても寝《いね》ても払ひ捨《す》つれども、さらに離れゆかざる」**という奇怪な現象に悩まされた春は、火で鼠を焼き払えないかと思い込むまでに追い詰められ、悩んだ末に放火してしまったのでした。

重度の精神疾患に苦しんでいたと思われますが、当時は治療法がなく、周囲の理解も得難かったのでしょう。『天和笑委集』では、春の乱心の理由を、彼女の父親が狩猟を非常に好み、動物をたくさん殺したことの「報い」だと言い切っています。

『天和笑委集』のお七も、奉行所で「なぜ付け火をしたのか」と問われると、想い人の生田庄之介の名前は出さず、夜になると「恐ろしき荒男《あらおのこ》多く来たり（略）早く隣なる家に火を付け焼《やき》うしなへ」……恐ろしい風体の男たちが夜になると現われ、暴力を匂わせて、放火しろと言った、などと狂気を装っています。そうすれば、助かるかもしれないと浅はかにも考えていたのですが、奉行所はすでに彼女の身辺情報を洗い出しており、お七が恋人・庄之介の名前を隠していることは見抜いていました。

かくしてお七の拙《つたな》い演技は見破られ、彼女は火あぶりの刑の末に「まなこ飛《とび》いで、口脇《くちのわき》ただれ（略）見るも耐へがたき有様」の死体となり果てたのでした。

現在でも放火は重罪ですが、江戸時代の幕府の法の厳しさに「ここまで惨たらしい殺され方をせねばならないのか」と、驚く読者もいると思います。

しかし、**『天和笑委集』は、その大半を火事の恐ろしさについて記すことに費やした書物**で、江戸の街が炎に包まれると、木と紙でできた小さな家の中でひしめくようにして暮らしていた庶民が、命からがら逃げ出そうと「狭《せば》き細小路に幾万億の人共おし合《あい》せき合、悶《もだ》へ居《い》て、老人、女、童《わらんべ》等は、立所《たちどころ》に踏み殺され、圧し殺され」かねない状態になり、地獄絵図だと語っています。酷い処刑法は、火付けを抑止するためなのでしょう。

## ●江戸の街、最大の禁忌「大火事」と「半鐘」

冒頭の月岡芳年の浮世絵では、自分が男恋しさゆえに火付けをしたから、火事になってしまったことを悔いて、捕まることも厭《いと》わずに自ら半鐘を鳴らして、みんなを救おうとするヒロイン・お七が描かれているわけですが、そのオリジナルともいえる『天和笑委集』のお七は、罪の意識に薄く、狂ったふりをして嘘をつく女として描かれています。

また、興味深いことに、江戸時代の「お七物」の浄瑠璃《じょうるり》（＝歌舞伎）の多くでは、お七は付け火をせず、火事でもないのに半鐘を叩こうとした罪で捕らえられ、処刑されるという設定になっていました。

これは、創作物の中でも、火事を「美しく」描こうとすることに対して、厳しい態度を取っていた幕府の法に配慮した演出だっただけでなく、大火事による芝居小屋の全焼に何度も泣かされた歌舞伎関係者の「付け火なんて勘弁してよ」、という本音が反映されているとも考えられます。

月岡芳年の手によるお七が、「大火事」と「半鐘」という江戸時代には厳禁だった二つの要素を堂々と描けたのは、**幕府が瓦解した後だったから、という大人の事情**も興味深いですね。

いずれにせよ江戸時代の人々にとっての火事とは、現代以上に身近で恐ろしく、また〝熱い〟話題でありました。

思えば、「明暦《めいれき》の大火」（明暦3〈1657〉年）も通称「振袖火事」と呼ばれ、ある少女が結ばれなかった恋の相手を慕って作らせた振袖に染み付いた〝呪い〟が引き起こした事件として、庶民の間では語り継がれました。

一人の若い女性の恋の情念は、江戸の街をも焼き尽くすほどのエネルギーがあると信じられていたのかもしれません。

# 5章

# 絶対に触れてはいけない「江戸のタブー」

## ——男と女がいる限り続く〝愛憎劇〟

# 驚愕！「江戸の花」に生きた遊女たちの最期

江戸の花の一つと謳われる吉原遊郭《よしわらゆうかく》。江戸期の日本では**「三大遊郭」**といって、**江戸の吉原、京都の島原、大坂の新町《しんまち》**といった三カ所の色街が幕府公認遊郭の頂点として、営業されていたのです。

しかし、江戸時代の女性のうち10人に1人か、それ以上の割合で、売春産業に関わっていたという説があります。実際、江戸の街のあちこちに非合法の売春地帯が存在し、これらを**「岡場所《おかばしょ》」**と呼びました。また、品川などの「四宿《ししゅく》」には、「飯盛女《めしもりおんな》」を置く旅籠《はたご》が多く、さながら遊里《ゆうり》のようでした。

たとえそういう店に勤めていなくても、たとえば現在でいうカフェ店員に相当する**「茶屋女《ちゃやおんな》」**のような、一見は普通の仕事でも、裏では常連客から金を握らされて迫られると、拒否しづらいという側面もありましたからね。

こういった吉原の遊女以外の女性たちは、あくまで幕府の監視の目をかいくぐって営業している非公認の存在です。だからこそ、役人に捕まったりすることがあれば、吉原に連行され、何年も無賃労働させられるという酷いペナルティーをくらうこともあったのです。

## ●吉原遊女たちが守らされたルール

しかし、吉原の高級妓楼《ぎろう》に所属する遊女ともなれば、その手の心配は無用です。彼女たちは「性産業」のエリートであることにとどまらず、時代の流行を牽引《けんいん》するファッションリーダーとしても注目されました。

また、中規模の藩の家老の年収に相当する、何百石以上（現代の貨幣価値で何百万円）ものお金を稼ぐ遊女も珍しくはありませんでしたが、それでも彼女たちの手元にはほとんどお金は残りません。

女性たちが吉原に来て遊女になったのは、彼女たちの親族や夫の作った借金のカタとして「売られた」からに他ならないからです。

**吉原では、20代手前から遊女として客を取りはじめ、年季は約10年ほどというルールがありました。**そして、30歳前には年季は明けるのです。

それで吉原に来る原因となった借金は帳消しになるのですが、豪華《ごうか》な衣装代や美容費などはすべて遊女の自腹です。仮に年季明けまで生きてはいても、遊女稼業で新たに作った借金の返済で、吉原での仕事を続けざるをえない場合もよくありました。

しかし、それでさえ幸せな結末だといえるかもしれません。なぜなら、大半の遊女たちの寿命は、年季明けの前には尽きていたのですから……。

## ●あまりにも短すぎる平均寿命

亡くなった遊女たちの埋葬先として知られるのが、**三ノ輪《みのわ》の浄閑寺《じょうかんじ》（現在の住所は荒川区南千住）**です。

同寺に現存する寛保《かんぽう》3（1743）年から、安永《あんえい》8（1779）年の過去帳には、遊女たちの享年と思われる数字がところどころに書かれているのですが、昭和時代の浄閑寺で聞き取り調査をした歴史学者・西山松之助《にしやままつのすけ》の著書『くるわ』によると、その

## 平均寿命はなんと22・7歳でした。

江戸時代の平均寿命には諸説ありますが、半数の人が40歳になるまでに寿命は尽きていたことを考えると、それよりずっと若くして、多くの遊女たちが人生を終えていたことがわかります。

大半の遊女は病死だと推定されますが、客に殺されたり、自殺したりという変死も少なからずあったことは見逃せません。

傍目《はため》には豪華でも、ストレスの多い生活や、人体に有毒な鉛を含んだ白粉《おしろい》の多用、客から持ち込まれる梅毒や結核などの病……健康によい要素など一つもなく、多くの遊女たちは若くして儚《はかな》く散っていったのです。

たしかに、高級な妓楼の人気遊女が病気となれば、楼主《ろうしゅ》が（優れた〝商品〟が失われることを恐れて）よい医者を呼んでくれることはよくありました。

しかし、「中以下の遊女となると実にみじめ」（『くるわ』）で、いちおう医者に診《み》てもらうことはできても、後は粗末な部屋で寝かされているだけ。遊女同士で人気を競わせている店の場合、同僚の病はライバルを蹴落とすチャンスでしょうから、孤独の中で絶望して亡くなる女性も数多くいたと思われます。

**遊女が亡くなると、その亡骸《なきがら》は妓楼の男衆《おとこしゅ》の手で、付近に数箇寺あった通称「投げ込み寺」に持ち込まれました。**

前出の『くるわ』では、「寺の中とか寺の門前とかへ死体を投げすててきたのを、寺で埋葬したから浄閑寺のことを投込み寺といった」とする〝通説〟を部分的に否定し、埋葬についてては「遊郭側から、誰それが亡くなった」という連絡を寺が受けた後、穴を掘って準備しておき、遺体が到着次第、土葬にした。読経などの供養はしなかったが、過去帳に名前は記していたなどと書いています。

## ●過去帳に残る「年間埋葬数18人」の不思議

しかし、この三ノ輪の浄閑寺など埋葬した遊女の過去帳を残している寺は、当時としては極めて良心的なケースでしょう。所定の土地に遊女の遺体を投げ込むように放置し、あとは野犬や野鳥に食われるままに晒していた寺もけっこうあったのではないか、と思われてなりません。

そう考える理由は、浄閑寺の過去帳に記された遊女の名前があまりに「少ない」からです。前出の西山松之助によると、寛保3（1743）年から幕末までの125年間に、浄閑寺の過去帳に記載のある遊女は「わずか」1940人。

たとえば安政2（1855）年の大地震では、多数の遊女が倒壊した建物の下敷きとなって圧死し、浄閑寺でも巨大な穴を掘って、文字通り、遺体を投げ込むようなことをしたとされます。もちろん、そういう葬り方をされた遊女の名は過去帳に記されていないのです。

西山松之助は、この時の地震での遊女の死者を400人あまりと推定しています。先の125年間で浄閑寺が埋葬した遊女の総数は約2300人となるわけですが、それを入れても年平均で18人ほどしか、吉原全体でも遊女が亡くなっておらず、不自然さを感じてしまうのです。

また、安永4（1775）年版の『吉原細見《よしわらさいけん》』では、吉原においてそれなり以上のステータスを持つ遊女の総数を2千人あまりと記しています。

この書物では「端女郎《はしじょろう》」と呼ばれた下級の遊女をカウントしておらず、当時の医療環境の悪さを反映している「22・7歳」という遊女たちの平均寿命を考えると、やはり最大の「投げ込み寺」の浄閑寺の記録に残る「年間18人の埋葬数＝吉原で死亡したすべての遊女の数」と素直に受け取ることはできません。

## ●埋葬するにもランクづけがあった！

**浄閑寺の遊女の埋葬にもランクが存在していた**ことが推察され、その一つの証拠として、恋仲の客との足抜け（＝脱走）という違反行為を企てた経歴を持つ遊女には、戒名にさえ「売女《ばいじょ》」という差別的な文字が使われたという話もあります。

しかし、そんな扱いであってもなお、浄閑寺の過去帳に生きた記録が残された遊女は、店側からそれなりの供養代《くようだい》と引き換えに寺に遺体を引き取ってもらえた〝幸福な女〟たちなのです。

江戸後期の『吉原大鑑《よしわらおおかがみ》』には、遊女の遺体を「土手の道哲《どうてつ》（＝西方寺《さいほうじ》）に送って、投げ込みに葬らしめ」という短い記述があります。この「投げ込み」という表現からは、浄閑寺に伝わるような「ある程度、丁寧な埋葬」が行なわれていたニュアンスは感じられませんから、おそらく、こういったケースのほうが圧倒的多数だったと思われてならないのです。

江戸期の浄閑寺は人家もまばらな、田んぼの中にぽつんと建つ寺で、遊女の遺体を〝不法投棄〟するには最適の場所だったと想像するのは難しくありません。

穴を掘って遺体を埋めさせ、名前を過去帳に記すだけの簡単な葬儀にせよ、店側の金銭負担はそれなりに発生したはずで、実際は浄閑寺に何の事前連絡もなく、筵《むしろ》でくるみ、小銭だけ添えた遺体を投げ捨てるように置いていくということのほうが、多かったのではないでしょうか。

そういうケースは寺側が請負人に任せるなどして、内々に処理していたので、過去帳に名前は残らなかったと考えるほうが自然です。

## ●「心中立て」に使われた髪や爪

また、**死人の髪や爪、内臓などは高値が付くことがありました**。遊女たちが真実の愛の証だとして、馴染み客に髪や爪、切り取られた指の先などを贈る習慣があったからです。いわゆる**「心中立《しんじゅうだ》て」**です。

つまり、目には見えない愛を、自傷行為という見える形にすることで「愛の証」としたのですが、遊女の場合、誰かの死体から切り取った肉体の一部を密かに買って、客には自分のものだと偽って贈ることのほうが圧倒的に多かったのです。

そう考えると、筵でくるんで遊女の遺体を隅田川に流したという〝伝説〟にも一定の信憑性《しんぴょうせい》があるように思われます。〝商品化〟もできないほどの傷《いた》み方をした病死者の身体は、そうされたのではないでしょうか。

また、吉原の遊女だけでなく、「岡場所」の遊女たちの遺体も寺に運び込まれてきていたので、ほぼ毎朝、吉原周辺の寺の関係者は遊女の遺体に対面していたことになるでしょうね。

吉原にあった多くの寺はその後、別の土地に移転しました。現在でも江戸時代と同じ場所にある浄閑寺の境内《けいだい》は美しく整備され、「投げ込み寺」だった時代を偲ばせるものは、石碑だけとなりました。

## 「ふるあめりかに袖はぬらさじ」
## ——伝説の遊女・喜遊の辞世

安政元（1854）年の「日米和親条約」の締結以降、日本はついに開国することになりました。かつては長崎の出島に限られていた外国人居留地は一気に日本中に広がり、江戸にほど近い横浜にも多くの外国人たちが暮らしはじめたのです。

そして、大人の夜の社交場の開設を求める声が、外国人男性たちの間で高まります。彼らから強い要請を受け、江戸・品川遊郭の経営者の一部が**「港崎《みよざき》遊郭」（現在の横浜市中区の横浜公園）**を開業したのは安政6（1859）年のこと。

港崎遊郭の中心は**「岩亀《がんき》楼《ろう》」という豪華な造りで知られる高級妓楼**で、ここでは日本人向けの「日本口《にっぽんぐち》」と外国人向けの「唐人口《とうじんぐち》」に店内が分割され、遊女も二つのグループに分かれて仕事をしていたのです。

幕末の日本人にとって、外国人専用の遊女を抱えた岩亀楼は国辱《こくじょく》の象徴として有名な存在で、尊皇攘夷《そんのうじょうい》の志士たちの目の敵《かたき》にされていたそうです。

## ●渋沢栄一も目の敵にした「らしゃめん」

中里機庵《なかざときあん》という、昭和初期のノンフィクション作家が『幕末開港綿羊娘情史《ばくまつかいこうらしゃめんじょうし》』というタイトルの本を出版しているのですが、その序文を頼まれたのが、晩年の渋沢栄一《しぶさわえいいち》でした。

渋沢いわく、**「わたくしの壮年時代、世に『らしゃめん』即《すなわ》ち洋妾《ようしょう》と唱《とな》へ、外人の妾《めかけ》となるものが多かった。而《しこう》して、心あるもの、一人として日本の国辱となし『らしゃめん』の厚顔無恥《こうがんむち》を怒罵《どば》せぬものはなかった」**。

要約すれば「日本人女性が外国人の愛人にされていた恥ずかしい事実は、国辱とさえ感じられた」というわけです。

実際、岩亀楼のオープニングスタッフにあたる30人の遊女たちの出身地は、現在の埼玉県（岩亀楼の「岩亀」は楼主・佐吉の出身地である、現在の埼玉県岩槻《いわつき》市の音「がんき」を「岩亀」としたもの）、もしくは多摩《たま》地方でした。渋沢の故郷・血洗島《ちあらいじま》村からも遠くないところですから、娘たちが岩亀楼に身売りされたという噂も流れていたはずで、渋沢の大げさな義憤は実際に身近で感じた偽らざる心境だったと思われます。

## ●吉原遊女よりも給料が高かったワケ

インバウンド客が遠のいた遊郭「岩亀楼」では、ある策を打って……

外国人向けの遊女の通称が「綿羊娘」なのは、外国の下級水夫が綿羊《めんよう》（＝ヒツジ）やその毛織物《ラシヤ(らしや)》を抱いて暖を取ったことに見立てて、外国人の妾になる女性を蔑《さげす》むためです。それは、外国人の性の相手をしたという経験が、当時の日本では最大の「ケガレ」に他ならず、引退後も生涯付きまとって差別の対象となりうることを意味していたと考えられます。

彼女たちの月収は人気に応じて10～20両程度（＝約10～20万円）でした。市中の住み込みの女中なら年収でも2両程度しかもらえませんでしたので、**貧しい庶民の女性にとっては憧れの高収入が約束される仕事**だと感じられたようです。

労働条件も、幕末の吉原より岩亀楼のほうがまだましだったのは事実です。当時、吉原で遊女になると、ひっきりなしに客を取らされましたが、岩亀楼の場合、固定～半固定で裕福な外国人をおもてなしすることが〝仕事〟の中心だったからです。

要するに裕福な外国人男性の「現地妻」になることが、岩亀楼の遊女のお仕事というわけです。しかし、これが攘夷の志士たちの怒りに火を付ける原因となりました。

とはいえ、「岩亀楼」の楼主以下、遊女たちも「日本から異人に流出した金銀を、アイツらと寝ることでアタシたちが取り返してやっているのさ！」と攘夷の志士気取りでいたのは、なんだか奇妙に思われます。

世間はとてもそういう風には見てくれませんでしたが……。

実際のところは、いくら差別されたとしても、外国人相手の愛人業は儲かったので、貧しい日本の男性と結婚するよりも、外国人の愛人となることを目指す素人女性もたくさんいたそうです。

渋沢は先の本の序文で、**「外人の金権勢力が（日本人の）婦女子の心理をも侵蝕《しんしょく》した事実に驚かざるをえなかった」**と語っていますね。

正直なところ、金持ち外国人に日本の女性が寝取られてしまう。日本の男には相手の女性がいなくなるじゃないか、という下世話な危惧《きぐ》も、渋沢たち志士の間にはあったのだと思われます。

## ●志士も感激した遊女「喜遊」の心意気

攘夷と同時に倒幕を目指していたはずの渋沢も、知人を通じて一橋《ひとつばし》家の家臣にスカウトされると、幕臣への華麗なる転身を遂げ、後には徳川慶喜の側近にさえなっています。

そして、慶喜の弟・徳川昭武《あきたけ》に同行して渡仏しようと横浜から船に乗る際に、**岩亀楼の日本人向けの遊女・喜遊《きゆう》**が、店から「外国人を客に取れ」と言われ、それを拒《こば》んで自害してしまったという噂を耳にした渋沢は、「これぞ日本の女のあるべき姿だ」

と感激したといいます。

実際、喜遊は「攘夷女郎《じょろう》」などと呼ばれて、もてはやされることになりました。彼女はすでに絶命しており、実在していないためにフィクション化しやすく、尊王攘夷派の琴線に触れた心のアイドル的存在として祭り上げられていったのです。

また、喜遊の辞世《じせい》は**「露をだに いとふ倭《やまと》の 女郎花《おみなえし》 ふるあめりかに 袖はぬらさじ」**という歌で、「外国人の相手をさせられるくらいなら、誇り高い日本人女性である私は死を選びます」などと意訳できる代物でした。

その逸話に渋沢は感激してしまったというのですが、ここにもウラの事情が隠されていました。

## ●「ムスメガール」とフェイクニュース

攘夷の志士たちにマークされてしまった岩亀楼周辺では、不審な男たちが常にウロウロしているため、外国人客が店に入れないくらいに治安が悪化して、客足が遠のいていました。

横浜奉行所からもらった鑑札《かんさつ》（＝外出許可証）を持たせれば、「らしゃめん」たちが外国人客の屋敷を訪れることは許されていました。しかし、外国人向けの愛人業は儲かるという噂はすでに横浜近隣にまで広まっており、妓楼に属していない、身分的には素人の女性が外国人男性と個人間で愛人契約を結び、現地妻となるケースが続出したため、岩亀楼の「らしゃめん」たちは次第に仕事を失っていったのです。

日本側では、愛人業をはじめた素人女性を「娘らしゃめん」と呼び、外国人男性は彼女たちを「ムスメガール」と呼んでいました。

かくして順調だった岩亀楼の経営も、傾いていきました。水商売とはよく言ったもので、よい時期はあっという間に過ぎ去ってしまうものです。

困った経営者は、外国人が来なければ、店の外にいる志士らを呼び込むしかないと考え、「喜遊というウチの攘夷女郎が自害したというフェイクニュースを流せば、志士が来るだろう」と一計を案じたそうです。

この恐ろしいまでの掌返《てのひらがえ》し、いかにも海千山千の色街の対応という観がありますが、作戦は大当たりで、店内は喜遊を称える志士たちでごった返すようになりました――

実は、**喜遊なんて遊女は最初から存在すらしていなかった**のですが、お涙頂戴のストーリーに単純な志士たちは（渋沢も含めて）コロッとやられてしまったのです。

## ●港崎遊郭は焼き尽くされた

しかし慶応2（1866）年11月26日、俗に**「豚屋火事」と呼ばれる大火災によって、港崎遊郭は街ごと焼滅**してしまいます。火事は横浜の異人街にも飛び火し、甚大な被害を出しました。

外国人が好んだ豚肉料理店からの出火とされているものの、詳細は不明のまま。おそらく、かつての渋沢と似たような攘夷思想の持ち主で、「憂国の士」を気取る連中の手による放火ではないかと囁かれています。

焼き尽くされた遊郭街は別地へ移転することになり、港崎遊郭の歴史は早くも幕を閉じることになりました。開業から10年もたたないうちの出来事です。

幕末の港崎に咲いた徒花《あだばな》のような岩亀楼の名跡《みようせき》は、遊郭街が移転するたびに受け継がれました。しかし、今やその名残を留めるのは、横浜公園内（港崎遊郭の跡地）の石灯籠《いしどうろう》と、喜遊という実在しない遊女の伝説だけです。

# 将軍家茂と皇女和宮の結婚に葬られた「御内証の方」

江戸時代、高貴な男性と寝所を共にする女性を**「御内証《ごないしょう》」**、もしくは**「御内証の方」**と呼びました。「内証＝内緒」というその名のとおり、できるだけ秘密にしたい関係であることも多く、特に正室との結婚以前に関係があった女性の公的な記録は残されない傾向にあります。

若年の男性相手の御内証の女性は、彼の正式な妻となる女性が嫁いでくる前に、それなりの額の礼金と、場合によっては結婚先も世話してもらって、家を去るのが〝しきたり〟だったのではないでしょうか。

しかし、御内証の役目が終われば、雇い主の少年と女性がきれいに別れられるケースばかりではなかったことは容易に想像がつきます。そんな場合、愛し合う二人はどうなってしまったのでしょうか？

時に、恐ろしい結末を迎えることもありました。これは、**14代の少年将軍・徳川家茂の御内証の方に選ばれてしまったがゆえに、命を落とすことになった〝ひな〟という女性**の悲しい恋の物語です。

## ●「公武合体」の犠牲になった一人の女性

19歳の〝ひな〟が、14歳の家茂と出会ったのは安政6（1859）年の夏だったそうです。徳川家の権威はすでに劇的に失墜《しっつい》し、京都の朝廷との連携――つまり「公武合体」が模索されはじめている頃の話です。

彼女は麻布《あざぶ》の善福寺《ぜんぷくじ》（現在の東京都港区）の住職・広海《こうかい》上人の次女で、色白で黒髪の美女でした。19歳といえば、江戸時代の女性としては、婚期を少し過ぎている印象があります。それも家柄、人柄、そして見た目に優れた〝ひな〟のような女性の場合は不可思議と言わざるをえません。

実は、〝ひな〟の父である広海上人は京都の公卿《くぎょう》・二条治孝《にじょうはるたか》の子の一人にあたり、彼は和宮《かずのみや》降嫁《こうか》計画の立役者となった関白《かんぱく》・九条尚忠《くじょうひさただ》と実の兄弟なのです。〝ひな〟が大奥に上がったのは、まだ「公武合体」を象徴する、家茂と和宮の婚儀が正式に決定した時期ではなかったにせよ、京都の九条尚忠から江戸の広海上人に「お前のところの嫁ぎ遅れている娘を、家茂様の御内証の方として差し出してほしい」という秘密の連絡が入ったがゆえのことではなかったでしょうか。

〝ひな〟は広海上人の実娘ではなく、「なぜか」麻布の旗本・松平源太夫《げんだゆう》という人物の養女として、また、家茂の乳母《めのと》の紹介という形で大奥に入ったそうですが、これは、京都との関係が深い彼女の実家の背景をぼかすための工作かもしれません。

大奥に上がって間もなく、その年の冬頃には、彼女はすでに家茂と親密になっていたそうです。

## ●家茂との関係を知られないために

大奥での〝ひな〟の身分は中臈《ちゅうろう》でした。しかし、彼女がこの先も長く大奥で暮らすことは想定されていません。**彼女の役割は、年若い家茂が、孝明《こうめい》天皇の異母妹である和宮と交わる際に粗相をしないよう、女性の身体というものについて彼に教えること**

**だけ**だったからです。

ところが家茂は、あろうことか、年上の美女の〝ひな〟に強く執着するようになっていました。〝ひな〟もまた家茂を強く慕うことに……。しかし、二人の関係が、和宮降嫁に根強い反対派も多かった京都側に知られたら、ようやく話がまとまりかけているのに、破談となってしまうかもしれません。

紀州徳川家の血を引く家茂は、その家柄のよさと、若年ながらも〝君主〟としての素養に恵まれている点で、大奥にも多くの支持者がいました。幕末の大物奥女中として有名な瀧山《たきやま》などもその一人で、彼女たちはいわゆる「紀州派」と呼ばれました。

**「紀州派」の奥女中たちが、家茂の足を引っ張りかねない〝ひな〟を、適当なタイミングで大奥から追放するべきだと考えたのは必然のこと**だったでしょう。

しかし、大奥の主は将軍の家茂です。彼に反対されたり、〝ひな〟に騒がれたりしたらたまりませんから、彼女の追放は、家茂が江戸城内にはおらず、大奥の女たちの注目が、別の「何か」に強く向けられている日……たとえば、何らかの行事や儀式のある日に行なわれたのであろうと推測されますね。

雛飾り道具の一式（復元）。長さ１メートル強の長持（一番右端）に押し込められていたのは……

そして、安政７（１８６０）年の早春のある日、〝ひな〟は実家の麻布・善福寺に戻ってきました。しかし、彼女は家茂を慕っていても、もはや泣くことすらできません――息の根を止められていたからです。〝ひな〟の遺体は、無惨にも長持に押し込められて実家に送られたのです。

昭和の歴史研究家・遠藤幸威《えんどうゆきたか》は、「善福寺住職麻布家には語り残し」があるとして、**「ひな女が葵の長持に入って帰ってきて、ご遺体をお出しするため、坊主二人が頭と脚をお持ちした時、お口の脇からツツーッと細い血が一筋お顔を奔《ほとばし》りました」**という寺側の談話を『和宮　物語と史蹟をたずねて』の中で紹介しています。

大奥からは「なぜ彼女が死なねばならなかったのか」、「どういう死に方をしたのか」という説明さえ一切なかったようですが、顔に異常がなく、身体を動かした時に、血が口から出てきたという状況証拠から、〝ひな〟の死因は鋭利な刃物で急所を突かれた刺殺だったと推測されます。

## ●大奥から解放されることが、なぜ許されたのか

〝ひな〟が殺されたのは、彼女が大奥を出ることをあまりに強く拒み、騒ぎになることを避けるためだったと考えられますが、そもそも将軍のお手付きとなった女性が、大奥から解放されることなど許されるのだろうか……と思う読者もいるかもしれません。

大奥の女性たちの生活費の一部は将軍家が負担していますが、足りない部分は実家が補う必要がありました。

ご存じのように、江戸時代も後期になると、将軍家も財政難に陥り、大奥にかかる年間20万両の経費（＝幕末の貨幣価値で現在の約20億円）を、少しでも削減すること

が急務でした。**将軍の子を宿している奥女中でさえ、それなりの手当金を与えられ、実家に戻された例もあった**ようです。

よく知られているのは、12代将軍・徳川家慶時代に大奥に入り、実家に戻された時には「父親不明の子」を妊娠していたという坂東照代《ばんどうてるよ》の話です。

彼女は踊りの才能を磨き、後には有名舞踊家となり、娘をシングルマザーとして立派に育て上げました。しかし、娘の父親について、自身の口からは決して語ろうとはしなかったのです。

坂東照代のように、将軍との秘密は墓まで持っていくことを条件に、それなりの金額をもらって納得ずくで大奥を出ていった女たちは、他にも多くいたのではないか……と考えられます。

本来なら、将軍との間に子供を授かった奥女中は、もとの身分がどうであれ、中臈として広い自室を大奥内に与えられて生活できるはずでしたが、大奥を出ることを選択した女性たちは「自由」の価値を重んじたのでしょうか。

〝ひな〟も、通常であれば生きて実家に帰れたはずが、殺されてしまったのは、やはり、彼女が死ぬ気で大奥追放に抵抗したからだと思われてなりません。

## ●〝最愛の人〟を失った家茂は――

それにしても、家茂は、〝ひな〟がいなくなったことについて、どのような説明を受けたのでしょう。やはり、何もわかりません。

わかっているのは、家茂がその後、京都から嫁いできた和宮を正室として迎え、彼女とは短いにせよ、良好な結婚生活を営んだということだけ。

しかし、家茂の従順すぎる態度からは、将軍といっても所詮《しょせん》は日陰の存在にしかなれない〝ひな〟は実家に戻り、今は幸せにしているなどという嘘が教えられ、それを心から信じようとしていたことがうかがえるようで哀れです。

寺伝には話に尾ひれが付いていることも多いとはいえ、一度聞いてしまうと、皇女・和宮と将軍・家茂の結婚という華々しい歴史の陰に葬られてしまった、悲しい〝ひな〟の物語を忘れることはできなくなります。

## 愛される妻になるための「夜の手引書」

**『閨《ねや》の御慎《おんつつし》みの事』**と題された書物を、読者はご存じでしょうか。紀州徳川家のお姫様が嫁ぐ際、もしくは同家に嫁いでくるお姫様への性教育を目的として、家老もしくはお付きの老女（＝ベテラン奥女中）から渡されたとされる、**愛される妻になるための「夜の手引書」**です。

この書物が最初に活字化されたのは、昭和３（１９２８）年のこと。紀州徳川家のとある家臣の家に伝来する貴重な書物として、性風俗史研究家の高橋鐵《たかはしてつ》が『日本性典大鑑』に収録し世間に紹介してからは、知る人ぞ知る史料となりました。

『閨の御慎みの事』というタイトルを意訳すると、「ベッドルームでは、おしとやかに」くらいになるでしょうか。冒頭では、「理想の正室像」が定義されています。

**「女は性質温順にして、礼儀正しく、恥あるを以て淑徳《しゅくとく》」**なのがよいそうですが、この部分の意訳は次のようになります。

「妻は夫に対し、優しく、包み込むような態度でいなければならない。それは寝室でも同じこと。しかし、いついかなる時も、礼儀正しく、恥というものを忘れてはいけませんよ」

つまり、「恥ずかしいから、イヤ！」と相手を突き放してはダメ。「あなたが大事ですから、受け入れてしまうけれど、恥ずかしい」という姿勢を寝室でも崩してはいかんぞ、ということに尽きるようです。

この手の指摘が本文中何度も繰り返され、「気品」と「情愛」のバランスを保つことが何よりも大事なのだが、それは「実に六ヶ敷《むつかし》く」、努力が必要だ、とまとめられています。

興味深いのは、**夫と朝まで同じ部屋で過ごしてはいけないというルール**です。大奥でも守られていたルールですが、身分の高い男女が朝まで同衾《どうきん》して過ごすことはありません。慣れ親しみすぎることは、嫌われる要因だとも考えられたようですね。

ですから、夫の使用人を介して「今日は寝所を共にしたい」という通知を受けて、妻は夫の寝室に呼ばれるのですが、慣れ親しんだ相手であっても「恥をかくし」、顔をそむけるようにして、床入りするべきなのです。

しかも、その態度に拒絶感がにじみ出ていては絶対にダメ。あくまで愛想よく振舞うことが、とにかく大事なのです。

妻がそういう、おしとやかな女性だからこそ、夫もさらなる愛着を感じ、「御輿《ごきょう》に乗《じょう》じて、いろいろになぶり給《たま》う」のですが、その最中に声を出したり、鼻息が乱れるのはNGだそうで、夫の胸に顔を埋めて恥ずかしそうにしていなさい、などと、やけに具体的なアドバイスが続くのでした。

## ●徳川慶喜の孫娘の証言

しかし、政略結婚で結ばれた、高い身分の男女の営みの指南書にしては内容が逐一、生々しすぎるとの理由で『閨の御慎みの事』には偽書説もあります。

実際、紀州徳川家のお姫様が将軍家の大奥に嫁ぐ際に、家老もしくはお付きの老女が性教育を目的として渡されたものだというその由来書きが付いていますが、そういう経歴の女性は、系図上、見当たりません。
それでも、**大名家のお姫様方が結婚を控えたお年頃になると、この手の書物とともに男女が裸で絡み合う枕絵を見せられ、性教育が行なわれていた**ことはどうやら事実のようですね。

徳川慶喜の孫娘にあたる蜂須《はちす》賀《か》年子《としこ》が、旧大名家のお姫様として、自身が受けた性教育を語っており、そこには『閨の御慎みの事』を彷彿《ほうふつ》とさせる部分があるからです。「老女」から「一ヶ月の間、たっぷり房中秘事《ぼうちゅうひじ》のヤリ方を上手に教わりました」という彼女によると、結婚を間近に控えたある日、**「縦25センチメートル長さ1メートルもある絵巻物」**を突然見せられたそうです。

そこには春夏秋冬それぞれの季節にちなんだ「四季折々の交合」の姿が極彩色の絵の具で描かれていたのですが、恥ずかしくなった年子は絵巻物を「老女」に押し戻してしまいます。すると、今、ちゃんと見ておかないと「お輿入《こしい》れの後、困ったことになる」などと厳しく注意されてしまいました。

その夜、寝室で一人になると、布団の中に例の絵巻物が入っているではないですか！　翌朝、「老女」から絵巻物は見たのかと尋ねられ、「見ないワ、あんなもの」などと嘘を言うと、即座に真実を見抜かれてしまいます。

恥ずかしい話になるので、顔を見ないでお話ししましょう……と、年子を後ろから抱えながら、「老女」は自分の初夜の体験を語るのでした。

その後、俄然《がぜん》、学ぶ気になった年子には1カ月かけて「房中秘事のヤリ方」が教えられたそうですよ。残念ながら、徳川慶喜の孫娘に授けられた「房中秘事」がどんなものだったかについては、語ってくれてはいませんが……。

しかし、この内容を史料として受け継いだ「とある女子大」は「本当にこういうことが大名家の性教育として明治以降も続いていたのか？」と疑問に思い、晩年の慶喜に侍女《じじょ》として仕えていた小島いとという女性に電話取材をしてきたのだそうです（遠藤幸威『聞き書き　徳川慶喜残照』）。

興味深いのは、この時、小島が**「老女」ではなく「乳母」がそういうことはやるものだ**とだけしか〝間違い〟を指摘しなかったことです。

年子が学んだという「房中秘事」もそうですが、『閨の御慎みの事』でも正室に期待される役割が〝愛される女〟になることしかなく、一言も、「夫の子供を早く授からねばならない」と説かれていないのは、不思議な気もしますね。

## ●姫君たちが必ず学んだこと

寺子屋で基礎的な読み書きを習得した庶民の女の子向けの教材の一つに、『女大学《おんなだいがく》』という修身書がありました。

そこには、夫から離縁されても仕方のない妻の七つの特徴の一つとして、「子供を生まなかった女性」が含まれているのに、大名家の姫君に向けられた『閨の御慎みの事』では、**性行為が「子供を授かるための行為」ではなく、「愛される女になるための行為」としてしか定義されていない**のが実に興味深く思われます。

それは、「子供は天からの授かりもの」という思想の反映で、高貴な男性の正室となる女性のプレッシャーを少しでも減らすための工夫と考えることができるかもしれません。ただ、庶民とは多少異なり、男系相続が中心の武家社会では、当主の男性の血を引く子という事実が主に重視され、子供の母親の身分や出自はとくに問題視されない傾向がありました。

そのため、高貴な家柄の正室が男子を生んでくれるのが一番望ましいのですが、庶民出身の側室が生んだ男子であっても、そこまで問題にはならなかったのです。だからこそ、大名家の姫君という、誰か高貴な男性の正室となる人生しか選択肢がない女性には、「夫の子供を授かりなさい」という教えがないのかもしれません。

正室の自分に子供が授からず、側室にだけ子供が生まれても、軽んじられない存在になるのはもちろん、夫からの最低限の情愛だけは確保する接し方とは何かを説いている書が、『閨の御慎みの事』だと分析できるでしょう。

江戸時代は離婚率がかなり高く、大名家の離婚率も1割を超えていたという指摘もあります。現代日本の離婚率が上がったといっても人口千人あたり2組もない程度なので、その何倍以上も高かったということですね。

それでも**大名家の姫君にとって、縁談は家と家を結ぶ手段ですから、離縁はなるべく避けたい事態だった**と思われます。だからこそ、お世継ぎ問題については触れず、夫からは愛されるかわいらしい女として振る舞いなさいと説く『閨の御慎みの事』からは、逆に江戸時代の大名家の結婚生活の厳しさを感じてしまうのです。

# 政略結婚の犠牲になった、慶喜の正室「美賀君」の悲惨

**「最後の将軍」徳川慶喜の御台所《みだいどころ》（＝正室）として知られる、美賀君《みかぎみ》こと一条美賀子《いちじょうみかこ》。**

慶喜の婚約者は当初、彼女ではなく、縁談は降って湧いたようなものでした。しかし、18、19歳の頃にはすでに10人近い側室を持ち、女なしに夜を過ごせないといわれた慶喜の正室となることは、美賀子の長い不幸な生涯のはじまりだったのです。

水戸藩主・徳川斉昭《なりあきら》の子息である慶喜の婚約者は、その身分の高さにふさわしい最高位の公家、一条忠香《ただよし》の娘にあたる照姫《てるひめ》（本名・輝子《てるこ》）という女性でした。

しかし、結婚直前に照姫は天然痘に感染し、快復した後も顔に痘痕《あばた》が残ったので一条家が結婚の辞退を申し出て、慶喜との婚約も解消されてしまいました。

それでも一条家側はあきらめず、照姫の代わりに、縁者にあたる今出《いまで》川《がわ》家（菊亭《きくてい》

家）の美賀子を養女としたうえで、慶喜と結婚させることにしたのです。

一条家が結婚成立にここまで尽力した理由は、**幕末の公家が身分の高さに関係なく、困窮していた**ことがあげられるでしょう。水戸藩主家の男性と我が娘（もしくは、養女）を結婚させることができれば、富裕な婚家からの経済的支援を受けられたのです。

このように紆余曲折あったものの、慶喜と祝言《しゅうげん》を挙げ、美賀子は実家と養家《ようか》の期待を背負って京の都から江戸に旅立ちました。慶喜と祝言を挙げ、江戸城大奥ではなく一橋家の「桜御殿」（正妻用の住居の名称）で暮らすようになります。この時、美賀子は21歳、慶喜は23歳でした。

## ●「性に奔放な夫」と「心を病んだ妻」

しかし、二人の結婚生活は最初から不幸で、彼女は精神を病むようになります。当時のイギリスの外交官アーネスト・サトウいわく、慶喜は**「日本人の中でもっとも貴族的な容姿をした人である。秀麗な顔だちで額が高く、鼻筋が通っている。眼光鋭く、声は朗々としており、動作にも威儀が感じられた」**そうですが、そんな慶喜の昼の顔とは正反対なのが「夜の顔」でした。正室以外にも多くの女性が自分の周辺にいることが、彼にとっては自然な家庭のあり方だったのです。

彼の父・徳川斉昭には、記録に残っているだけで9人もの側室がいましたし、嫡男《ちゃくなん》(=慶喜の兄)の妻・線姫《いとひめ》が22歳で急死したのは、斉昭が手籠《てごめ》にしたのを抗議して自害したという噂も根強くありました。このように典型的な一夫多妻制の家庭環境に育った慶喜の身の回りにも、当然のように多くの女性たちがいたようです。

しかし、将軍退位後に引き籠もった静岡時代の二人の側室——新村信《しんむらのぶ》と一色須賀《いっしきすが》以外には明確な記録はありません。そのことが却《かえ》って、それ以前の慶喜周辺の女性の入れ替わりが激しかったことを物語っているように思われます。

また、この手の女性関係に加え、水戸徳川家から一橋家に養子にいった慶喜と、彼より7歳年上で、関係上は〝義祖母〟にあたる徳信院《とくしんいん》との「特別な仲の良さ」も噂されていました。

**「至つて御嫉妬《しつと》ふかき御気性」**の美賀子が**「御声を御はつし刑部卿《ぎようぶきよう》様を御こづき御立腹あらせられし」**……大声をあげて、慶喜のことを小突いたり、怒りを露《あら》わになさったと、慶喜とも交流があった福井《ふくい》藩主・松平春嶽《しゅんがく》の家臣・中根《なかね》雪江《ゆきえ》が『昨夢《さくむ》紀事《きじ》』に記録しています。

また同書には、薩摩《さつま》藩主・島津斉彬《なりあきら》から松平春嶽に送られた手紙の内容として、**「去ル（安政3〈1856〉年7月）十六日御自害可被成処《ごじがいなさるべきところ》、漸々取留ニ《ようようとりとめに》相成候《あいなりそうろう》由《よし》」**とも記録されています。つまり、「美賀子が自殺未遂の大騒ぎを起こした」と書かれているのです。

あまりに恐ろしい事件であり、スキャンダルだからか、当時の史料には断片的にしか記されていないのがまた不気味ですが、「慶喜の気を引こうとした狂言自殺」ではなく、本当に死を覚悟しての自死に失敗し、美賀子は生き残ってしまった、というのが真実だったのではないでしょうか。

最後の将軍・慶喜の昼の写真とは違う「夜の顔」とは

一族の期待を背負って慶喜と結婚し、江戸に来た美賀子には離婚という選択肢はなく、自分が死ねば、真実を表に出したくない慶喜から弔慰金《ちょういきん》の名目で、養家の一条家や実家が援助を受け続けられると考えたように思えてなりません。

長く寝込んだ後、美賀子はようやく快復しましたが、慶喜は京都に彼女を帰すのも費用面で大変な時期だから、という煮え切らない理由で、二人の結婚生活は継続されることになりました。

しかし、その後も慶喜との交流が完全に途絶している時期が年単位で続いたりと、夫婦仲が親密であったことは一度もないままでした。

## ●戦を逃げ出した時でさえ、別の女性を連れていた！

「鳥羽・伏見の戦い」での幕府軍の劣勢にもかかわらず大坂から逃げ帰った時でさえ、慶喜は松平容保《かたもり》ら、ごく一部の側近と側室の女性一人だけを内々に連れて軍艦・開陽丸に乗り、江戸に戻っています。

側近にも、慶喜が女連れで逃げたという情報を知らない者もいました。ところが、航行中、慶喜の船室から子供のような声が聞こえてくるので見に行くと、それは慶喜のボディーガードでもあった江戸の侠客・新門辰五郎《しんもんたつごろう》の娘のお芳《よし》の声だと判明します。すると、「部下を捨てたのに、女連れで慶喜公は逃げ出したのか」「あの女は斬らねばならない」という声があがり、艦内が一時、騒然とする場面もあったようです。

命からがら江戸に戻った慶喜は、政局の変化とともに、すぐにまた江戸（東京）を去り、ほとんど旧幕臣にも会わず、駿府の地で約30年にも及ぶ蟄居生活を続けることになりました。しかし、この時代の慶喜は、あれほど女好きだったのに、先述した新村信と一色須賀の二人を除き、すべての女性関係を解消しているのです。

## ●7年ぶりの同居となるも……

静岡時代の慶喜は、当初は困窮していたのですが、彼を慕う渋沢栄一の奔走《ほんそう》によって、生活に再び余裕が生まれはじめました。渋沢が明治2（1869）年に「静岡商法会所」を設立し、静岡の特産品を全国に売り出すことに成功したからです。早期から大きな利益が出たことが慶喜の生活の改善にもつながり、同年中に、東京から美賀子も静岡に呼ばれました。夫婦にとっては約7年ぶりの同居再開です。

この時、慶喜は35歳、美賀子は33歳でした。現在の年齢感覚ではお互いに40代半ばに相当するでしょうか。

渋沢の尽力により財産的基盤が得られた慶喜は、多くの子宝に恵まれました。しかし、それは美賀子の子ではなく、彼女は慶喜の正妻でありながら、夫が自分よりも先に江戸から連れてきていた二人の側室が妊娠・出産を毎年のように繰り返すのをじっと見ているしかありませんでした。

静岡時代、新村信と一色須賀は「二人仲よく12人ずつ」（『徳川慶喜残照』）、慶喜の子供を妊娠・出産したそうです（夭逝《ようせい》、死産なども含んだ数ですが）。側室の仕事として、慶喜の入浴に従って背中を流す日と、彼に添い寝する日が交互に回ってきたことが、彼女たちの懐妊事情に大きく関係しているようです。

**美賀子はかつて慶喜との間に4人の子を授かったものの、すべての子を幼いうちに失うか、死産してしまっています。**

一方、側室たちが授かった慶喜の子たちの多くは、健やかに育ち続けました。

静岡時代の慶喜の屋敷では、側室たちが生んだすべての子供の母親は美賀子だとされていました。実母である側室たちの身分は使用人にとどまり、実の子供たちからも名前を呼び捨てにされていたそうですが、現代人の目には、何か歪んだものを感じてしまいます。

美賀子はいったい、どんな気持ちで日々を過ごしていたのでしょうか……。

## ●妻の死に直面した時、慶喜は

**慶喜の美賀子に対する冷淡さは、彼女の死の前後でさえ変わりませんでした。**

明治27（1894）年5月、美賀子は名医・高松凌雲《たかまつりょううん》の執刀によって、ガンの手術を受けることになります。しかしその後も体調は快復せぬままで、彼女は東京の地で療養生活を続けていました。結核性の病気に冒《おか》されていたそうです。

体調は悪化の一途で、同年7月6日の時点で、美賀子の容態に「急変の可能性がある（＝いつ亡くなってもおかしくない）」という要旨の電報を受けたにもかかわらず、慶喜は見舞いに行こうとはしませんでした。

7月9日の午前、「ゴキトク」（＝当時の上流階級の用語で「死去」の意）という電報が到着すると、慶喜はようやく重い腰を上げて、その日の夕方に東京行きの汽車に乗ったのです。

この頃、**慶喜はいまだに静岡で蟄居中の身でしたが、美賀子の亡くなった9日、彼は焼津《やいづ》港まで足を延ばし、趣味の写真の野外撮影を行なっていました。**つまり、遊んでいたのです。そして、美賀子の入棺が終わると、葬儀にも出ずに静岡に戻ってしまっています。

美賀子の死の前年、明治26（1893）年1月27日、実母の登美宮《とみのみや》（吉子《よしこ》女王）が東京で亡くなった際には、慶喜は母の遺体の傍《そば》から一晩中、離れようとしなかったという話や、本来ならば元婚約者程度の関係にすぎない、一条家の照姫が明治13（1880）年に亡くなった時でさえ、「2円50銭」という、当時ではかなり高額とされる香典を届けさせた話が伝わっています。異なる時代の物価の比較は難しく、本書では明治期の1円＝現在の1万円程度と一律で換算していますが、慶喜からの香典は、現在でいえば10万円以上に相当したとする研究者もいます。

このように、他の女性に比べると、慶喜が美賀子に冷淡な対応をしていたことは明らかで、それはそのまま彼の妻への想いが反映されているとしか考えられません。

晩年の美賀子を知る人たちは、「上品な女性」だという印象しか持たなかったようです。それは、嫉妬に狂って自殺未遂を起こすような気力は、彼女からすでに消え失せていたことを意味します。

高貴な人の結婚とは、家と家を結び付ける行為にすぎないとよくいわれますが、その大切な役割を、自身の不幸と引き換えに背負わされ続けた一条美賀子の悲しみを考えると、なんとも言えない気分になってしまいます。

# 6章

# 幕末乱世に「翻弄された人々」

## ——そこに見え隠れする黒い影

# 戦いたくても戦えなかった「大政奉還」

慶応3（1867）年10月13日、幕府は京都・二条城の大広間にて、「大政奉還」の決意書を示して諸藩重臣に諮問《しもん》を行ないました。

しかし集まったのは、**40藩からわずか50数人**だけ。歴史ドラマなどでは広間を埋め尽くす大名たちの姿が描かれますが、本当のところ、在京の10万石以上の藩の家老などを召集しただけだったので、この程度の人数しか集まりませんでした。しかもこの時、**将軍慶喜は、姿を見せてさえいません**（『寺田家文書』）。

二条城の大広間は、将軍が着座する上段の間を「一の間」と呼び、それだけで48畳あります。重臣が座る下段の間が44畳の「二の間」で、さらに「三の間」、「四の間」とつながっています。

慶喜不在の「一の間」のあまりに広い空間を見ながら、大広間に集まった約50人は徳川の瓦解を、ため息とともに受け入れざるをえなかったのでしょう。

実際、老中・板倉勝静《いたくらかつきよ》が、これから朝廷に上奏予定の「大政奉還」の文案を発表し賛否を問うたところ、ほとんどの者は「畏《かしこ》まり奉《たてまつ》る旨《むね》」だけ伝えて（『徳川慶喜公伝』）、静かに下城してしまったのでした。

ドラマや映画でよく描かれる、「徳川を潰すおつもりか」などと口々に反対したり、泣いて悔しがる〝忠臣〟たちの姿はいっさいなかったということです。慶喜があえて姿を見せないことで、その場の空気を盛り下げることは、彼の計算だったのでしょうか。あるいは、非難を浴びることを避けたかっただけなのかもしれません。

この逸話からも、徳川慶喜という人は、いざとなれば決断を果敢に下す「大胆さ」と、優柔不断な「小心さ」を持ち合わせていた人物だったであろうことがうかがわれます。板倉勝静から「一癖《ひとくせ》ある御方」と評された記録には、大きくうなずかざるをえません。

その後、「とくに意見があって、（慶喜に）拝謁を願う者はこの紙に氏名を記しなさい」と、板倉から告げられると、進み出たのは薩摩藩の小松帯刀《こまつたてわき》、土佐《とさ》藩の後藤象二《ごとうしょうじ》郎《ろう》など6人だけでした。ここで、やっと慶喜が大広間に姿を現わし、彼らと面談しているのですが、薩摩の小松帯刀は「反対」どころか、**「政権御返上の上意（略）に敬服し奉りぬ、有難《ありがた》き御事なり」**……「私は政権の返上には大賛成です」と言っています。

隣にいた土佐の後藤も、何か言おうとしたようですが、慶喜自身の言葉を借りれば**「何も言わない。ただ未曽有《みぞう》の御英断で有難い、同様のことを何か言ってお辞儀をしただけだ」**（『昔夢《せきむ》会筆記《かいひつき》』）。後藤は、将軍を目の前に異常に緊張し、何も言えなくなってモゴモゴしながら、お辞儀をするだけだったそうです。

260年にも及ぶ徳川幕府が終焉《しゅうえん》する「大政奉還」に対して、藩関係者からの意見らしい意見は、「賛成です」以外にはなかったということですね。

## ●何度も頓挫した計画

実はこれまで「大政奉還」の計画は何度も、しかも幕府の中心人物の手で持ち出されていたのですが、頓挫《とんざ》し続けていたことが知られています。慶喜自身が、前将軍・

家茂の急逝時に、**「此際《このさい》幕府を廃して王政を復古せんと思ふは如何《いかん》」**（『徳川慶喜公伝』）と発言していたことは有名ですね。

慶喜は自分が将軍職を継ぐことの懸念を表わしてはいても、その後、彼の側近だった大久保《おおくぼ》忠寛《ただひろ》（大久保一翁《いちおう》）によるたび重なる「大政奉還」の献策に気分を害し、大久保を左遷したり、何度も蟄居謹慎させたりしていたことも事実なのです。

幕府や将軍職の存続を疑問視する態度を隠さないにもかかわらず、他人から「幕府など潰してしまいなさい」と忠告されると激昂する、慶喜の内面には大きな矛盾と苦悩がありました。

そんな慶喜に「大政奉還」を最終的に決意させたのは、土佐藩15代藩主・山内容堂《やまうちようどう》を通じて建白された案であり、それは他の案に比べて実現の可能性があったので、ついに腹をくくらざるをえなくなったようです。

薩摩の小松帯刀たちは、二条城大広間で慶喜と会談した後、即座に朝廷の有力者、摂政《せっしょう》・二条斉敬《なりゆき》のもとに向かいました。二条は慶喜の従兄弟《いとこ》にあたる人物です。幕府に立場が近かったこともあり、慶喜による突然の「政権の返上」をすんなりと受け入れたわけではありません。

しかし、小松や後藤象二郎の説得を受けた二条の後押しもあって、幕府からの上奏の翌日、朝廷は「大政奉還」をはやくも勅許しました。

## ●なぜ、そんなにも急いでいたのか

薩摩藩の小松たちが「大政奉還」をそこまで急いでいたのには、大きな理由がありました。**西郷隆盛《さいごうたかもり》らが密かに進めていた「武力倒幕」計画の即時中止**です。日本中を混乱に巻き込む戦争の危機を回避する必要があったのです。

立場的には、薩摩藩で家老を務める小松の部下にあたる西郷隆盛ですが、「武力倒幕」にこだわる彼には、藩士たちからの人気がありました。

西郷は盟友・大久保利通《としみち》（一蔵《いちぞう》）を通じて、一時は閑職に追いやられていた岩倉具視をはじめ、幕府時代に貧しさにあえいできた朝廷内の公家たちを焚き付け、「賊臣《ぞくしん》慶喜を殄戮《てんりく》（＝抹殺）」しなさい、との命令を明治天皇が下したとする「討幕の密勅《みっちょく》」を作らせてしまっていたのです。

慶喜が「大政奉還」を打ち出し、幕府を解体させることになったので、「武力倒幕」の計画は発動前に出鼻をくじかれて終了した……などと世間では語られがちですが、この怪しげな「討幕の密勅」は13日に薩摩藩主父子、14日には長州藩主父子に下されていました。

これはつまり、すでに導火線に火が付いた状態になっていたことを指します。火の付いた爆薬の爆発を本当にギリギリで食い止めることに成功したのが、「大政奉還」の発表だったということですね。

考えれば恐ろしいことですが、読者には西郷隆盛が、そんな主戦論者だったとは信じられない方もいるでしょう。しかし、史実の西郷隆盛の〝戦好き〟は、血の気の多い幕末の武士社会においても有名でした。

正確には、西郷には政治ツールとしての戦争を好んで選択する傾向があり、**「政治の複雑な問題も、戦をすれば勝ち負けがはっきりするし、しかもスピード解決できる」**という理由で、彼は戦争を容認していたのです。

しかし、戦争には莫大な金がかかるものです。幕府軍・倒幕軍のそれぞれに諸外国がすり寄り、軍費だけでなく最新兵器の提供などを仄（ほ）めかしてきた場合、戦争の規模はいっそう大きくなり、終戦までに時間がかかったことでしょう。

戦争をすれば勝者と敗者ははっきりするでしょうが、勝者にも戦争協力を理由に外国勢力が近づいてくることは間違いなく、日本の（半）植民地化は避けられなかったかもしれません。

すんでのところまで迫っていた内乱の危機を「大政奉還」というカードを切ることで、なんとかかわした徳川慶喜、野望に燃える西郷らの煽動で「武力倒幕」に傾きそうな自藩（＝薩摩藩）を食い止めることに成功した小松帯刀らの、立場や地位を超えた連携には、胸が熱くなります。

かくして「大政奉還」という〝徳川の自己犠牲〟によって、日本は内乱の危機はとりあえず回避できたものの、その後、決断を下した慶喜は想像以上に不利な立場に追いやられていくのでした。

# 幕府転覆未遂事件——「由井正雪の乱」

徳川の世が始まって約50年が経過した17世紀半ばの江戸の街には、10万人とも20万人ともいわれる失業中の武士たちが溢れ返っていました。当時の江戸の人口はまだ100万人に達していませんので、いかに多くの浪人という名の失業者が江戸市中に紛れ込んでいたか、おわかりいただけるでしょう。

当時、よく使われたのは「浪人」ではなく**「牢人《ろうにん》」**という物騒な表記だったことからも、江戸の人々の冷たい視線が感じられるようです。

この頃の江戸が、「浪人の街」になっていた理由としては、すでに61家もの大名家が取り潰しに遭っていたのですが、**上方《かみがた》より江戸のほうが、浪人に対する取り締まりが厳しくなかった**からです。しかし江戸に当座の居場所はあっても、新たな仕官先（＝仕える大名）は容易に見つからず、時間をもてあました浪人たちは、軍学者の私塾に出かけ、自己研鑽《けんさん》に努めるしかありませんでした。

当時、浪人たちから強い支持を受けていた軍学講師の一人が、自身ももとは浪人だった**「由井正雪《ゆいしょうせつ》」**という男です。背は低めで唇は厚く、目がくりくりとした四十代後半の、しかし実年齢よりもかなり若く見える男だったそうです。

**浪人救済と幕府転覆を目指したクーデター「慶安《けいあん》の変」の首謀者として知られる人物**ですが、由井正雪についての信頼できる情報は「なぜか」極めて少ないのです。

## ●謎めいたその男

6代将軍・徳川家宣《いえのぶ》の御用学者となった新井白石《あらいはくせき》は、彼の古い知り合いに、由井正雪の塾生がいたことから、いくつかの証言を残しています。

まず、正雪はもともと駿河の由比《ゆい》にある紺屋《こうや》（＝染め物業者）の出身でしたが、なんらかの理由で浪人になって、江戸に流れ着いたそうです。

また、正雪は神田の連雀町《れんじゃくちょう》（現在の千代田区神田須田町・神田淡路町）に5部屋ある一軒家を借りて住み、そのうちの3部屋に塾生を集めて講義し、残りの二間に家族と暮らしていたといいます。

そんな正雪の謎めいた生涯は、後年に歌舞伎の演目になり（『慶安太平記』）、その中では「4千人もの塾生を持つ、私塾経営者」ということになっています。しかし、白石の証言を信用すると、正雪の家の規模から考えて、せいぜい塾生40人程度の零細塾だったのではないでしょうか。実際、彼の暮らし向きはよくはなかったといいます。

正雪は『平家物語』を下敷きにした『平家物語評判』なる本を書いて、教科書として使っていたそうですが、「乱」を起こす以前の由井正雪について、ほぼ確実にわかることといったら、実はこれくらいなのです。

白石が仕えた徳川家宣の治世は、18世紀初頭です。由井正雪が生きた時代とは約50年ほどしか離れていません。それなのに、**この情報量の少なさ**……何か、特別な事情があるような気がしませんか。

## ●歴史に刻まれた「慶安の変」とは

正雪が企てたというクーデター。後に、「慶安の変」と呼ばれるこの事件には不明な点が多く、その真実に迫るには大部分を想像に頼るしかありません。残された史実とともに、その真相に迫ってみましょう。

まず、由井正雪は、**司令拠点として駿河の久能山《くのうざん》（現在の静岡市）を選んでいたと**されます。

久能山といえば、3代将軍・家光時代に日光の東照宮へ移されるまで、徳川家康の遺体が安置されていた場所で、2代将軍・秀忠時代に造営された久能山東照宮は現存しています。

こうした「神君」家康公の威光を背景に、正雪は江戸、京都、大坂など全国に配した1500人もの同志たちに号令し、日本各地で〝革命〟の狼煙《のろし》を上げる予定だったとか。とくに恐ろしいのは江戸でのテロで、由井正雪の高弟・丸橋忠弥《まるばしちゅうや》が幕府の焔《えん》硝蔵《しょうぐら》（＝火薬庫）を焼き払い、市中を大火事に巻き込む予定だったといいます。

さらに有志が江戸城に突入し、新将軍の家綱を奪って久能山で監禁、人質にします。もちろん、城内の幕府要人はすべて暗殺です。この江戸の動乱の情報が京都と大坂に伝わり、人々の恐怖心が高まったところで、京都では二条城を、大坂では大坂城を占拠するつもりでした。

……以上が、世に伝えられる由比正雪の計画です。

しかし、密告によって幕府の知るところとなり、正雪の計画は未然に防がれて、彼は自害することになります。

**「正雪が自害をした」という記録は残っている**ので、彼がどのような最期を遂げたのか、史料を繙《ひもと》いてみましょう。

## ●正雪の最期を伝える〝ある史料〟

慶安4（1651）年7月22日……これは現在の暦では、9月初頭にあたり、残暑厳しい江戸を正雪たちは旅立ちました。

しかし、25日夜、一行が滞在していた駿府の宿・梅屋に幕府の追手《おって》が差し向けられ、その翌朝、役人たちが梅屋に踏み込むと、その時点で正雪と一味8人はすでに自害し、二人が生け捕られたことが知られています（老中・松平信綱への報告文書『山口備前守《やまぐちびぜんのかみ》留守帳抜書《るすちょうぬきがき》』）。幕府の法では、犯罪は連座で処罰するものなので、事件関係者とその親族35人も厳しい詮議の末に処刑されました。

ちなみに『駿国雑志《すんこくざつし》』という史料によれば、由井正雪の同志として逮捕され処刑された駿河足洗村《あしあらいむら》（現在の静岡市）の名主《なぬし》（＝村長《むらおさ》）の半左衛門《はんざえもん》という人物の屋敷からは、クーデターの軍資金と見られる金17万両、銀８千貫にのぼる莫大な金銀に加えて大量の槍、刀、鎧などの武器・武具などが見つかったそうです。

富裕な大名でも後ろ盾《だて》にいない限り、神田で小さな私塾を開いているだけの由井正雪の人脈・金脈だけではとうてい調達不可能な巨額の資財ではありませんか。

これには理由があって、正雪は徳川御三家の一つ、「神君」家康の十男を藩祖とする紀州徳川家との深いつながりを日頃から吹聴しており……などとまとめていくと、キレイに話がつながりそうなのですが、実際のところ、正雪の壮大なクーデター計画や、その豊富な資金源などの話は「すべて」後世の創作にすぎないのです。

先ほどご紹介した、正雪の協力者とされる半左衛門なる名主の情報が掲載された『駿国雑志』は、幕末の天保14（１８４３）年に発刊された駿河地方の郷土史で、一次史料ではありませんし、本当に１５００人もの仲間がいたのであれば、35人の処刑程度で済むはずもないでしょう。

このように見ていくと、**由井正雪の事件には、具体的な情報が何も残されていないのです。**多くの人を巻き込んだクーデター計画の詳細が、これほどまでに完全に消え去ってしまう理由は考えにくく、つまり由井正雪は、具体的な計画など何も立てていなかったし、仲間にしても駿河に連れていった10人くらいしかいなかったと考える他はないと思われます。

## ●学者なのに「自筆書がない」という不思議

そもそも、**学者であるにもかかわらず、正雪には彼の直筆だと考えられる書物の類が現存していません。**

「遺書」として知られる文章はありますが、『草川覚書』という史料によると、ところどころに血の付いた鼻紙2枚に走り書きされたオリジナルの文書が、枕もとに落ちていた記録だけが残り、その文書の行方はわかっていません。

遺書の内容も、誰かの手で美文調にリライトされたバージョンと、まったく垢抜《あかぬ》けない、おそらくオリジナルに近い文章と思われるバージョンが混在しています。

由井正雪の研究家・進士《しんじ》慶幹《よしもと》氏は後者を「田舎者の文章」と評しているのですが、その一部を進士氏の著作『由比正雪』から引用してみましょう。

由井正雪は「讒言《ざんげん》」で計画が失敗したと認め、次のように述べています。
「天下を困窮させる張本《ちょうほん》である大老の酒井忠勝《ただかつ》らを政権から離させようと事をたくらみ、人数を催し、籠城して、このことを天下に弘《ひろ》く知らせると同時に、天下御長久の政策を申し上げ、あとはいかようの処分をも受けようと計画しましたが、途中で失敗してしまいました」

たしかにクーデター計画の一端をうかがわせる文言はありますが、江戸、大坂、京都でのテロなどという具体的な内容は、何も書かれていないことに注目してください。

さらに興味深いのは、

**「紀州家（＝徳川頼宣）の御名前を拝借しなくては、協力者を集められないため、その御扶持を頂いている者と（自分のことを）申しました。実は私はどなたからも扶持は受けてはおりません。以上のことは決して嘘ではありません」**

という不自然な末尾になっている点です。

この内容からも、軍学者にしては計画性があまりになく、文章力に乏しいことも妙ですし、なにより徳川頼宣に言及しているのはなぜか、という疑問点が残るのです。

前出の松平信綱への報告書『山口備前守留守帳抜書』では、「役人たちが正雪らに声がけしても旅館から出てこず、翌朝踏み込んだところ、建物内ですでに自害していた」となっています。

しかし実際は、早々と彼らを捕縛し、本人確認と簡単な取り調べを行なった末に、「こういう内容で遺書を書け」と役人が正雪に命じ、強《し》いて書かせてから殺害したのが、先ほどの「田舎者の文章」だったのではないか、とも考えられるのです。

## ●江戸の世のクーデターの真相

そもそもオリジナルが残されていないので、本当に由井正雪本人が書いたものなのか……という根本的な疑問は消えないのですが、それでも推測するに、正雪によって**クーデターが本当に実行されようとしていたわけではない**だろうとも考えられます。

おそらく、徳川幕府の治世に不満を持つ正雪たち浪人仲間が、クーデター決行の妄《もう》想《そう》を膨らませる中、「それでは現地まで下見に行ってみようか」などと物見遊山気分で出かけてみた。すると突然、幕吏《ばくり》に逮捕され、死にまで追いやられた……これほどに情けない最期が、世にいう「由井正雪の乱」の真実に近かったのではないでしょうか。

たしかに、神田の自称・軍学者（実際は零細私塾経営者）の由井正雪が、紀州徳川家の名を騙《かた》って、塾生を呼び込んだり、気の合う弟子たちと〝ごっこ遊び〟の感覚で幕府転覆の世直し計画を立てていた可能性はあります。

徳川の名前を出して塾生を集めるのは本来、大罪のはずなのに、いっこうに逮捕されないことに正雪は味をしめ、気が大きくなっていったのかもしれません。彼はふだんから、自身が妄想する世直し計画を、塾生たちに自慢げに語ることが多かったのではないでしょうか。

しかし、**当時の幕府は密告を奨励しており、浪人が他の浪人仲間を密告で蹴落とし、自分が出世する手段に使う**ことがしばしばありました。無邪気な正雪は、そうしたハゲタカのような浪人たちの再就職の「エサ」にされたのでしょう。

筆者の推理を裏づけるかのように、正雪が江戸を出立《しゅったつ》した翌日、老中・松平信綱のもとに、正雪の仲間で奥村八左衛門《おくむらはちざえもん》と名乗る浪人とその従兄弟なる人物からの密告が上がってきました。

そして、正雪を裏切った奥村たちはその後、300石の御家人として取り立てられているのです。彼らの他にも密告者はいましたが、正雪の出発当日ではなく、翌日という点が、「密告なんてしたら、逆に罰せられたりしないか」という奥村たちの迷いや怯えがリアルに感じられる気がします。

## ●「たいしたことない密告」のはずだった!?

しかし、この程度の密告が、なぜ天下の切れ者・松平信綱の目に留まったのでしょう。それは正雪が、**松平も問題視していた紀州藩主・徳川頼宣の名を騙っていたこと**。そして**松平の真のターゲットが、まさに頼宣だった**からだと思われます。

頼宣は「神君」家康が晩年に授かった男子で、溺愛されながら育ちました。成人後は豪快な人柄で知られましたが、それゆえ幕府には厄介な存在でした。当時は3代将軍・家光が逝去した直後にあたり、その嫡男で将来の4代将軍・家綱はまだ11歳です。家綱は家康の曽孫《ひまご》にあたりますが、おとなしく、カリスマ性では頼宣に劣っていました。頼宣は、将軍一人に集中すべき人気と権力を分断しかねない、幕府から見れば、不穏な存在だったのです。

頼宣から権勢を削《そ》ごうという幕府の目論見は、これまでも段階的に実行に移されていました。晩年の家康から寵愛を受けていた頼宣は、亡き父の遺領を含む駿河・遠《とお》江《とうみ》・東三河50万石の大名でしたが、「神君」家康ともっとも縁の深い駿河に頼宣に居続けられることは、現将軍の権威を損ねるという幕府の判断で、元和《げんな》5（1619）年に、紀州55万5千石に移封させられています。

頼宣はこれを〝左遷〟と受け取り、幕府の要人たちへの反抗心を募らせ、多くの浪人を雇ったり、和歌山城の大幅な増改築に取り組んだのでした。これらはすべて幕府の許可が必要な案件でしたが、家康の息子であることを笠に着た頼宣は、わざと無許可で行なっています。

頼宣の「反抗」に手を焼いてきた松平信綱ですが、「由井正雪の乱」の発覚からさかのぼること約8カ月、紀州藩家老・牧野《まきの》長虎《ながとら》が、**「わが主（＝頼宣）に謀反の意あり」**と幕府に訴え出た記録が残されています。

そろそろ、本格的に頼宣の粛清《しゅくせい》に乗り出さねばならないと松平が考えていたところに、頼宣の名を騙って塾生を集め、自身はクーデターの妄想を膨らませる、由井正雪なる〝軍学に詳しい人物〟が、実に都合よく現われてきたとしたら……。

「由井正雪の乱」の真相は、正雪の妄想じみたクーデター計画が、下手に手出しすれば危険な徳川頼宣の追い落としに使えると判断した松平信綱によって（おそらく即興的に）練り上げられた、陰謀事件であったと考えられないでしょうか。

「由井正雪の乱」は、実質的には「松平信綱の乱」だったということです。

未遂事件に終わった「由井正雪の乱」ですが、この後、全国に何十万人もいたという浪人たちにはよいこともありました。彼らに対して厳しかった幕府の態度は少しずつ軟化し、4代将軍・家綱の治世下では大名家の取り潰しもかなり減りました。

こうして江戸時代約260年間のうち、一度だけ企てられた幕府転覆クーデターの実像は、多くの怪しい謎を残しつつ、人々の記憶から消え去っていったのです。

## 「ええじゃないか騒動」の〝黒幕〟は誰か？

幕末の民衆騒乱現象として知られる**「ええじゃないか」**。

日本各地で伊勢神宮などの御札《おふだ》が天から降り注ぎ、それを慶事として祝った民衆が「ええじゃないか、ええじゃないか」と口々に叫びながら、奇妙な仮装で一日中踊り狂うようになった、という認識の方がほとんどではないでしょうか。

たしかに「ええじゃないか」は日本各地で爆発的に広まった現象ですが、地域によって特色がかなり異なっているのです。近年の研究では、「ええじゃないか」が始まったのは、慶応3（1867）年7～8月、名古屋近辺、あるいは愛知県の豊橋あたりだったといわれます。しかしこの時、民衆たちは「ええじゃないか」とは発せず、派手な衣装をまとって踊り狂いもしていなかったのです。また、御札が本当に降ってきたというわけでもなく、伊勢神宮などの神社の御札が、ある家の生け垣、竹垣など

「ええじゃないか」の騒ぎに隠れて
行なわれていたのは……

に差し込まれている状態で発見されただけだったことが注目されます。人々は、この現象を「おかげ」と称しました。

## ●「御札ふり」が広がっていった理由

御札が降ってくる現象、つまり**「御札ふり」に遭遇できるのは、徳の高い人だけと**する都市伝説が、江戸時代以前から日本には存在しました。「御札が降ってきた」ということにして、生け垣などに誰かが御札を差し込むだけでも、商家などでは縁起を担《かつ》ぎ、7日間ほど神事にかかりきりになりえたのです。そして、その期間中、使用人は仕事を休むことができました。江戸時代の日本には曜日の概念がなく、また病気にでもならない限り、盆と正月の藪入《やぶい》り以外に休日は一切存在しませんでした。

しかし、御札が見つかれば、家の使用人たちは休暇がもらえ、祝いの酒食の相伴《しょうばん》に与《あず》かれたし、非日常の楽しみを満喫することができたのです。

慶応3年といえば、相変わらずの天候不順と凶作で生活の基盤自体が怪しくなっていましたから、民衆たちは生活の不安や不満を金持ちの家に御札を差してヨイショし、酒食をたかることで晴らそうとした……それが「おかげ」だったといえるでしょう。

尾張、三河地方の「おかげ」は「御札ふり」という古来の伝統を、意図的に〝拝借〟したものであったともいえるのですが、「誰かの金で酒を飲みたい！」「もっと休みたい！」という庶民の普遍的な本音と欲望を代弁していることもあり、江戸や京都に向かう東海道沿いで爆発的に広がったのでした。

## ●京都でそれは一変する

しかし、その流行は**京都において、なぜか、大きな変質を見せた**のです。

京都では、民衆たちは「御札が降ってきた」という現象を再現すべく、手作りの御札を撒き散らし、「ええじゃないか、ええじゃないか」と奇妙な掛け声を発しながら、踊り狂いはじめたのです。

当然、仕事は勝手に放棄しています。都市機能も停止するほどの騒動になりました。金持ちの家に押し入って、勝手に飲み食いする者や、異性の着物で踊り狂う者も大勢いましたが、「御札が天から降った」という宗教上の慶事を祝福しているというタテマエもあり、幕府側も積極的には鎮圧に乗り出せなかったそうです。

京都の公家・岩倉具視は、その日記『**岩倉公実記**』に、「ヨイジャナイカエイジャナイカ、クサイモノニ紙ヲハレ、ヤブレタラマタハレ、エイジャナイカ、エイジャーナイカ」と奇妙な掛け声を発しながら、「神符《しんぷ》」をばら撒き、日夜踊り狂って乱痴気《らんちき》騒ぎに興じる京都の人々の姿を記しました。

自分はあくまで傍観者として「**珍妙な現象があった**」**と記している**だけですが、公武合体を推進し、後に倒幕の公家として暗躍していた岩倉こそ、尾張からの「おかげ」の現象を、都市機能が麻痺するまでの民衆騒動に仕立て上げるべく変質させた人物……かもしれないのです。

## ●まるで「予言書」のような日記

実際、踊り狂う民衆に気を取られた幕府の密偵の目を盗み、岩倉の一派が倒幕運動を有利に進めることができたという物騒な説が、明治の頃にはありました。幕臣からジャーナリストに転向した福地源一郎《ふくちげんいちろう》（桜痴《おうち》）は、明治になってから**「この御札降りは京都方の人びとが、人心を騒擾《そうじょう》せしむるために施したる計略なり」**（『懐往事談《かいおうじだん》』）と、往時を回顧しています。

福地が「京都方の人びと」とボカし、明言を避けているのが、明治天皇の信任厚く、新政府の大立者《おおだてもの》、岩倉具視です。岩倉の直接関与を示す物的証拠は残されてはいないのですが、彼の日記には、その〝本音〟がにじみ出ているように思われる箇所があります。

たとえば、**「八月下旬ニ始マリ十二月九日王政復古発令の日ニ至《いた》テ止《や》ム」**（『岩倉公実記』）という箇所。王政復古の号令が出された慶応3（1867）年12月9日に、岩倉は「ええじゃないか」の狂騒が収まったと明言しています。しかし、実際にこういう記録はありませんし、それどころか、翌年にかけても流行は続き、西へ、西へと飛び火する形で広がっていきました。

日記では、あくまで自身を「ええじゃないか」の〝傍観者〟と装いつつ、岩倉は「王政復古の日に終結してほしかった」という己《おのれ》の理想を語っていたのです。

## ●その時、何が行なわれていたのか

幕末期の岩倉は、暗躍に次ぐ暗躍ともいうべき活動力を見せていました。

当時、江戸幕府は「大政奉還」を奏上しています。その混乱の中で、2カ月後の12月9日には、京都御所で**「小御所《こごしょ》会議」**が開かれました。しかし、これは「会議」とは名ばかりで、実際は岩倉具視ら急進派の公家に煽動された反幕府勢力が、自分らに都合の悪い人物を完全に締め出し、旧幕府はおろか、朝廷の形も以前とはまるで違う形に変えてしまうクーデターであり、革命だったといえるのです。

朝廷の長年の伝統であった摂政関白制の廃止も、天皇の主権を揺るがしかねないという岩倉の独断によって、あろうことか摂政・二条斉敬を御所にも入れないままで断行されました。また、**これらの大事件に前後する形で、要人の襲撃や暗殺も行なわれています**。有名なのは11月15日の坂本龍馬《さかもとりょうま》暗殺事件ですね。

たしかに坂本龍馬は、岩倉が画策していた武力倒幕計画を実行寸前で潰した張本人ともいわれます。それゆえ、岩倉を龍馬暗殺の首謀者だとする人もいますが、さすがにこの事件にまで岩倉が関与しているとは考えにくいでしょう。

しかし、「ええじゃないか」の騒ぎに隠れ、武力倒幕を目指す岩倉が中心となって、**明治天皇お抱えの学者・玉松操《たままつみさお》に偽造させた「討幕の密勅」を薩摩や長州の有力者にばら撒く**など、龍馬暗殺以上にあくどいことをしていた疑いは濃厚です。

## ●「何か大きな力が――」と疑った大隈重信

「ええじゃないか」の騒動を目くらましに使って、その陰で何か大きな力が働いていると感じていた人は、他にもいました。大隈重信《おおくましげのぶ》も後年、**「(「ええじゃないか」は)誰《だ》れかの上手に巧《たく》んだ芸当には相違あるまいが、実に可笑《おか》しな事もあれば有ったもの、**

**今にまだ其種《その》明しがされて居《お》らぬ」**(『早稲田清話《わせだせいわ》』)と語っています。

岩倉具視の名前を福地と大隈が出さないのは、「王政復古」以降、明治天皇の片腕として、また明治新政府の重鎮《じゅうちん》として君臨した岩倉に喧嘩を売るようなバカな真似はしたくなかったからではないでしょうか。

しかし、先述のとおり、「十二月九日王政復古発令の日ニ至テ止ム」と、あえて事実とは異なることを日記に記し、後にも訂正しなかった岩倉には、己の〝失敗〟を悔やむ気持ちがあったのかもしれないと思われるのです。

「王政復古」の実現のために奔走する岩倉を護るかのように、神が「ええじゃないか」を引き起こしてくれたのなら、12月9日の「王政復古」の大願成就《たいがんじょうじゅ》とともに民衆も沈静化した……という〝ハッピーエンディング〟こそがふさわしいのですが、民衆の乱痴気騒ぎは翌年まで止まず、「王政復古」後の舵取りも、岩倉は相変わらずザワついた京都の街の空気の中で、行なわざるをえなくなってしまったのです。

頭のよい、偉い人が国の何かを変えるような、重大なことを成そうとする時、民衆の興味を引き付ける「何か」が目隠しとして与えられるのは、今も昔も常套《じょうとう》手段ということでしょうか。

# 幕末の乱世に散った「彰義隊」

慶応4（1868）年2月12日、最後の将軍・徳川慶喜は江戸城を出て、上野寛永《かんえい》寺《じ》で謹慎することになりました。ちょうど265年前の2月12日は、徳川家康が征夷大将軍に任命され、江戸幕府を開いた日です。歴史の残酷な偶然というべきでしょうか。

その後の4月4日には、明治新政府の命令によって、慶喜はもはや江戸にいることも許されず、水戸まで退去させられることになります（水戸に移ったのは4月5日）。

この年の正月に勃発した「鳥羽・伏見の戦い」では、その戦いの最中に大坂城からわずかな供だけを連れて、江戸に逃げ戻った慶喜ですが、江戸を去る時には、「精鋭隊」や「遊撃隊」といった旧幕臣の武装集団200人ほどに囲まれていました。

しかし、慶喜を取り囲む人々の中に、彼の警護を目的として設立された部隊ではもっとも有名な「彰義隊《しょうぎたい》」は、渋沢成一郎《せいいちろう》（＝経済人として知られる渋沢栄一の従兄弟）他数名しか含まれていませんでした。

この頃、隊の頭取《とうどり》（＝リーダー）を務めていた渋沢は、次のように隊士たちに訴えていました。

**「すでに上様《かみ》が水戸へ御退去とある以上は、この上野におったところが為方《しかた》ない。また、あるいはここで（新政府軍と）一戦と云《い》う場合に立ち至るかも知れぬが、それには第一、地の利を得ない」**

ですが、上野からの撤退を主張した渋沢に賛同する者の方が少なかったのです。新政府軍の3千人に対し、彰義隊にもほぼ同数の隊士が集結していましたが、彼ら一人ひとりの思惑が交錯し、すでに統率は容易ではなくなっていました。

## ●設立当初の目的は何だったのか

頭取の渋沢は彰義隊の設立当時からの隊士です。後に「上野戦争」の主役となったことで歴史に名を残す彰義隊ですが、設立時の目的は、旧幕臣として新政府軍に最後の戦いを仕掛けることではありませんでした。蟄居謹慎処分を受けている慶喜が掲げる「平和尊重」の意志を重んじ、彼らも新政府軍に対して「平和の哀訴嘆願《あいそ》」を行なうことを目指していたのです。

しかし、渋沢成一郎いわく、慶喜の身に危険が迫るなど「事のならざるおりには」、「武士の意地を貫く……。死を以て目的を果たす」集団になるとも明言していたので、不穏な素地がなかったかといえば嘘になります。

彼の言う「死」が、集団自決によるものなのか、あるいは戦死かは曖昧でしたし、『徳川慶喜公伝』によると、「反逆の薩賊《さつぞく》を戮滅《りくめつ》」することが彰義隊の結成理由だったとも明記されているので、最初から血なまぐさい運命をたどることは避けられなかったのかもしれません。

慶応4（1868）年3月、彰義隊は旧幕府公認部隊となりました。すると慶喜は旧知の渋沢を内々に呼び付け、「その方の精神は予もよう存じておる。しかし（略）あまり過激な挙動を（他隊士に）させてくるるなよ」と注意したそうです。

当初は隊内も比較的まとまっていたようですが、慶喜が江戸を去った後は「乱暴狼《ろう》藉《ぜき》ほとんど手が付けられぬ」状態に陥りました。

これには理由がありました。渋沢と並んで結成以来の主力隊士だった天野《あまの》八郎《はちろう》が、「新政府軍との武力抗争で名をあげたい」という旗本・御家人たちだけでなく、そこら中から怪しげな男たちをかき集めてきていたからです。彼らは「平和の哀訴嘆願」どころか、新政府軍との最終決戦をこそ、熱望していました。

かくして、駐屯していた上野寛永寺からの彰義隊の撤退を主張した渋沢は、隊の頭取であったにもかかわらず、追い出されてしまう結果になったのです。

**「しからば余儀《よぎ》ない。不本意ではあるが、見込みがないから私どもは分離する」「それではどうかご勝手に」**（『藍香翁《らんこうおう》』）と、実にあっさりと決別しているところから、渋沢一派と他隊士たちの不仲は、かなり深刻になっていたことがうかがえます。

その後、渋沢たち少数派は現在の埼玉県飯能《はんのう》あたりで「振武軍《しんぶぐん》」を結成しました。

## ●居場所がなかった者たちの末路

渋沢一派が去った後の彰義隊には、異様な気迫がみなぎっていたと思われます。

江戸の民衆たちはやはり幕府方に肩入れして、そのため彰義隊の人気は極めて高く、色街では「情夫《いろ》にするなら彰義隊」などという戯《ざ》れ歌を、遊女たちが口にしていたほどです。

江戸に幕府が開かれて265年、幾度かの争乱はあったものの、将軍家直属の武士、いわゆる御直参だった旗本・御家人たちは本当の戦争というものをほぼ知りません。しかも、彰義隊に集まった多くの旗本・御家人は、次男三男などが中心で、実家での居場所がほとんどない者たちです。

幕府が御直参たちに支払っていた給与は、幕末においても江戸時代初期の物価水準にとどまっており、さまざまな役職の定員もその頃のままでした。「物価は上昇し、人口は増えていく」という事実は無視されていたので、御直参の武家に生まれた子供たちの多くは、将軍のために働く機会すら奪われていたのです。

そんな彼らが、人生ではじめて武士としての本懐《ほんかい》が遂げられるという実感と、その喜びに酔いしれてしまっていたとしても、おかしくはないでしょう。おまけに江戸中の人々から称賛され、期待を一身に背負っていたのですから、彼らに「上野から去る」という選択肢などはなかったのではないでしょうか。

ところが……、慶応4（1868）年4月11日、徳川幕府の権威の象徴であった江戸城は、新政府軍に無血開城をしてしまいました。

新政府軍を率いていた西郷隆盛は熱心な主戦論者でしたが、旧幕臣代表として勝海《かっかい》舟《しゅう》が江戸総攻撃回避に尽力したこと、あるいはそれ以上に、新政府軍に軍資金の提供を行なっていた、英国公使のパークスから江戸の攻撃中止を西郷が強く求められたことが理由となって、戦いは事前に回避されたのです。

しかし、**この「平和」は多くの彰義隊士にとって、武士としての存在理由を失ってしまったことを意味した**のですね。「反逆の薩賊を戮滅」したいという彰義隊の攻撃本能は、戦いを禁じられたことで逆に爆発的に膨らみ、ますます統制が取れなくなりました。

## ●江戸時代265年の終わりの半日

彰義隊と新政府軍の激突は時間の問題となりました。勝海舟は5月9日の日記に、その頃漂っていた一触即発の空気を次のように記録しています。**「彰義隊、東台《とうたい》（＝**

**上野）に多人数集まり戦争の企てあり。官軍これを討たんと云う」**（『海舟日記』）。

突然の停戦合意によって、江戸を焼き払う機会を一度は奪われた新政府軍も、本心では流血を強く欲していたため、両者の全面衝突は避けられなくなっていきます。

5月14日、新政府軍の作戦本部である東征大総督府が、ついに各隊に「彰義隊討伐」の命令を下し、慶喜に代わって徳川宗家を継ぐことが決定していた数え年6歳の田《た》安《やす》家の徳川亀之《かめの》助《すけ》（家達《いえさと》）にも、寛永寺にある「祖先霊位、重器《じゅうき》など、今日中に取り片付け候《そうろう》よう」（『江城日誌』）という通達がありました。

この時点においても、寛永寺の敷地内には輪王寺宮《りんのうじのみや》（後の北白川宮能久親王《きたしらかわのみやよしひさしんのう》）が、彰義隊と命運を共にする覚悟で控えておられました。

また、寛永寺は徳川家の菩提寺の一つで、増上寺《ぞうじょうじ》と同様、歴代将軍の霊廟《れいびょう》、墓所がある場所です。そこから先祖の位牌などを持ち出せと徳川家関係者に命じていることは、輪王寺宮の御座所《ござしょ》のある寛永寺ごと彰義隊を潰すと宣言しているにも等しく、これはあまりに恐ろしい事態でした。

しかし、もはや誰も開戦を止めることはできません。江戸の多くの民衆があまりに強く、戦いを望んでいたからです。

新政府軍の最新兵器「アームストロング砲」。
なぜみなが流血を望んだのか

新政府軍と彰義隊の交戦開始は、5月15日の朝8時頃。現在の暦でいえば梅雨の最中ということもあり、前日14日の夜からすさまじい豪雨が続いていたそうです。

当初は激しい雨音に混じって**「ドンドンという砲声と、あたかも豆を炒《い》るようなパチパチという小銃の音が、耳を貫くかと思うばかり」**(「上野戦争の日」『同方會誌《どうほうかいし》』30号)に聞こえてきました。

江戸っ子たちが家の中で固唾《かたず》を呑《の》んで彰義隊の勝利を祈っている中、「大砲の弾丸は雨のようにに飛んできた」にもかかわらず、隊士たちは新政府軍が怯《ひる》むような奮闘を見せました。

ところが、昼過ぎから新政府軍が、最新式の大砲・アームストロング砲による砲撃をはじめると、形勢は一気に逆転してしまいます。

「午後の二時頃でもありましたろう（略）今しも（寛永寺）山門の屋根からは蒼《あお》い焔《ほのお》が大空を舐《な》めるがごとく、べらりべらりと閃《ひらめ》き上がるところで、上野附近の町家は既に一面の火となり、家屋が焼き崩れる響きの、折々どっと聞こゆる凄惨の有様」（前出「上野戦争の日」）で、多くの彰義隊士が命からがら寛永寺の谷中門《やなかもん》から逃げ出し、輪王寺宮は新政府軍には降伏せず、わずかな供を連れ、旧幕勢力の中心地だった会津を目指して落ち延びていったのでした。

**彰義隊はわずか半日の戦いで、新政府軍の最新兵器の前に敗れてしまった**のです。

翌日、上野に詰めかけてきた人々が目にしたのは、実に凄惨な光景でした。何百、あるいはそれ以上の彰義隊の若者たちの死体が転がっていたのです。

おぞましいことに、「（絶命した）後からいたずらに切った（死体）」（『漫談明治初年』）もありました。致命傷を負いながらも死ぬことができず、「『斬ってくれろ』と、もう口は利けないが、（自分の首を手で叩いて）手真似で頼む」（『辻暁夢老人談《つじきようむ》』）隊士の姿も見受けられたそうです。

アームストロング砲を撃ち込まれた寛永寺は無惨にもほぼ灰燼《かいじん》に帰しており、敷地内には「二百十六」（『彰義隊戦史』）もの隊士たちの遺体が見られました。今は平和な上野公園、寛永寺界隈にこんな悲劇の過去が眠っているのです。

「義を彰《あき》らかにする」と謳う彰義隊の名称から、「義」をいかに旧幕軍の人々が重視していたかがわかりますが、最後まで武士として生きることを選んだ彼らに用意された結末は、あまりに残酷でした。しかも、これだけ殺し尽くしてもなお、新政府軍の殺戮《さつりく》欲求は収まらなかったと見え、江戸市中では執拗《しつよう》な残党狩りが行なわれたのです……。

かくして、世界史上に類を見ない265年も続いた平和な江戸の世は、血塗られた終焉を迎えました。

## 【参考文献】

『シーボルト事件で罰せられた三通詞』片桐一男、『杉田玄白評論集』片桐一男（以上、勉誠出版）／『江戸東京ライブラリー17 お七火事の謎を解く』黒木喬（教育出版）／『西鶴と浮世草子研究Vol・4』「『八百屋お七』は実在したのか」矢野公和（笠間書院）／『新燕石十種 第七巻 兎園小説拾遺 天和笑委集』森銑三監修（中央公論新社）／『井伊直政 家康筆頭家臣への軌跡』野田浩子（戎光祥出版）／『現代語訳徳川実記 家康公伝1～5』大石学ほか編、『歴史文化ライブラリー166 浅間山大噴火』渡辺尚志、『人物叢書新装版 大黒屋光太夫』亀井高孝、『人物叢書新装版 由比正雪』進士慶幹、『西山松之助著作集 第5巻 近世風俗と社会』西山松之助、『人物叢書新装版 佐倉惣五郎』児玉幸多（以上、吉川弘文館）／『披沙揀金 家康公逸話集』全国東照宮連合会編、『史籍雑纂 第二「當代記」』国書刊行会編（以上、続群書類従完成会）／『美少年日本史』須永朝彦（国書刊行会）／『本朝男色考 男色文献書志』岩田準一（原書房）／『正妻（下）慶喜と美賀子』林真理子、『戦国武将に学ぶ「必勝マネー術」』橋場日月、『新装版 解体新書全現代語訳』酒井シヅ現代語訳（以上、講談社）／『疫病の時代』酒井シヅ編（大修館書店）／『幕末のその日、京で何が起こったのか』木村武仁（淡交社）／『和宮 物語と史蹟をたずねて』遠藤幸威（成美堂出版）

／『大江戸死体考 人斬り浅右衛門の時代』氏家幹人、『東洋文庫107 徳川慶喜公伝4』渋沢栄一（以上、平凡社）／『江戸のいちばん長い日 彰義隊始末記』安藤優一郎（文藝春秋）／『上野彰義隊と箱館戦争史』菊地明、『小栗忠順のすべて』村上泰賢編、『徳川埋蔵金検証事典』川口素生、『史料 徳川夫人伝新装版』高柳金芳校注（以上、新人物往来社）／『甲賀忍者の真実 末裔が明かすその姿とは』渡辺俊経（サンライズ出版）／『大黒屋光太夫 帝政ロシア漂流の物語』山下恒夫、『幕末遣外使節物語 夷狄の国へ』尾佐竹猛（以上、岩波書店）／『日本の幻獣図譜 大江戸不思議生物出現録』湯本豪一（東京美術）／『新潮新書495「忠臣蔵」の決算書』山本博文、『新潮45・2011年2月号』「紀州徳川家秘巻〈女訓抄《閨の御慎みの事》〉」（以上、新潮社）／『NHK歴史発見1 由比正雪の乱』NHK歴史発見取材班（角川書店）／『ミネルヴァ日本評伝選 西郷隆盛』家近良樹（ミネルヴァ書房）／『女聞き書き 徳川慶喜残照』遠藤幸威、『朝日選書378 香りの世界をさぐる』中村祥二（以上、朝日新聞社）

本書は、本文庫のために書き下ろされたものです。

# 本当《ほんとう》は怖《こわ》い江《え》戸《ど》徳川《とくがわ》史《し》


| | |
|---|---|
| 著者 | 堀江宏樹（ほりえ・ひろき） |
| 発行者 | 押鐘太陽 |
| 発行所 | 株式会社三笠書房 |
| | 〒102-0072 東京都千代田区飯田橋3-3-1 |
| | 電話　03-5226-5734（営業部）03-5226-5731（編集部） |
| | https://www.mikasashobo.co.jp |
| 印刷 | 誠宏印刷 |
| 製本 | ナショナル製本 |


©Hiroki Horie, Printed in Japan ISBN978-4-8379-3034-1 C0130

＊本書のコピー、スキャン、デジタル化等の無断複製は著作権法上での例外を除き禁じられています。本書を代行業者等の第三者に依頼してスキャンやデジタル化することは、たとえ個人や家庭内での利用であっても著作権法上認められておりません。
＊落丁・乱丁本は当社営業部宛にお送りください。お取替えいたします。
＊定価・発行日はカバーに表示してあります。

王様文庫

王様文庫

大人気! 堀江宏樹の
「怖い歴史」シリーズ

## 本当は怖い世界史

愛憎・欲望・権力・迷信……こうして歴史は動いてしまう。●エリザベス1世の夢は、夜遅くひらく ●ガンジーが〝隠していた秘密〟——人間の本質は、いつの時代も変わらない!

## 本当は怖い日本史

「隠された歴史」にこそ、真実がある。◇坂本龍馬を暗殺した〝裏切り〟の人物 ◇島原の乱を率いた「天草四郎」は、架空の存在?……日本史の〝深い闇〟をひもとく本!

## 本当は怖い世界史 戦慄篇

歴史はまたあやまちを繰り返す。◆「私はロシア皇女アナスタシア」とウソをついた女の一生 ◆アインシュタインは女スパイに熱をあげていた?……人間の心ほど怖いものはない。

## 愛と欲望の世界史

誘惑、裏切り、金、狂気…濃密な人間ドラマへ。◇アントワネットとフェルゼンの逃避行 ◇中国皇帝が愛飲していた「媚薬」の効能 ——こうして、運命の歯車は狂っていく。

## 眠れなくなるほど怖い世界史

人は、どこで道を踏み外すのか——。◇無敵のナポレオンに立ちふさがった「感染症」の恐怖 ◇数学者ピタゴラスが率いた「狂気のカルト集団」……世界史の「裏の顔」を読み解く本。

K50007